走著瞧

寇延丁

——一個走在鄉間小路的中國人——

目錄 CONTENTS

推薦序

在民主的樸素之地

名作家　張惠菁

我想推薦這本書，給所有在台灣生活的人。

這本書來自一個珍貴的視角。關於寇延丁寇姐，讀者即將會在這本書中，讀到她輕描淡寫提及的一些經歷：二〇〇〇年代，她在中國做民間自發的公益事業。汶川大地震後，她組織志工救援災區傷殘兒童。她曾經將議事規則介紹到安徽農村，幫助地方自治，並把過程寫成一本書《可操作的民主》。在二〇〇八年前後，中國民間社會組織力量曾有過一段旺盛勃發的時期，她是其中的參與者，也是推動者。

然而到了二〇一四年，她在訪問台灣、香港之後，回到中國時被捕。原因是她在港台接觸認識的人當中，有香港占中三子之一的陳健民教授。審訊她的罪名是「顛覆國家」，合理的推測是當時當局正在定位「占中」和陳健民等人的罪名，因而從接觸過他的人網羅起。這中間的經歷，她在出獄後寫成《敵人是怎樣煉成的》。

二〇一七年她又再來到台灣，徒步環島，參與了幾場社會運動，在宜蘭深溝住下來，租一塊地、一間房，過了兩年的務農生活，參與在深溝小農的組織之中。

這個視角是珍貴的，因為寇姐是對中國公民社會懷有理想，且實際付出努力的人。也是親身經歷到政治打壓，喪失過人身自由的人。《走著瞧》其實正是一趟帶著問題意識上路的旅途，她心中的問題非常清楚：她在體會、也在尋找，怎樣可以形成公民參與的社會、「沒有老大的江湖」；世間權力無處不在，但我們是否可以活得「權力於我何有哉」；如何是一個有力量的、積極的人，而不是一個自我設限的人。

讀者即將讀到的，就是她帶著這些問題，所看到的台灣。書中的內容，不需要我在這裡贅述了。但我還想說說《敵人是怎樣煉成的》。

有人說，《敵人是怎樣煉成的》的重要性被低估了。它不只是一本獄中紀錄。實際上，它是所有身在打壓的環境，卻想要創造出另一種可能性的人，都應該讀的一本書。寇姐在被監禁時，運用了「非暴力溝通」的練習，這本書中不但沒有恨，而且保持了高度的清醒與覺知。如果《敵人是怎樣煉成的》是關於在高壓體制之中，如何保持內心的自由，和對生命的愛，不成為仇恨與恐懼的奴隸；則我想，《走著瞧》可以說是她寫給台灣，也是她寫給自己——這個地方相對溫和、沒有立即危險，但民主的挑戰仍然處處存在——考驗是另一種。在這樣的地方，我們是否仍能記得，民主離不開生活，我們如何活著，就是如何民主。因此，不要自我設限，看清楚目標，超克路上可能的繞路和擺佈，並且，同樣不要喪失對生命的愛。

讀寇姐的書，和她交談，總有一種感覺。她心目中，民主的樸素之地，在自己身上。它首先不假外求，其次在人與人的關係之中開放流動。台灣從解嚴、民主化轉型一路走來，雖然已經達成非常多的改變，但或許有時，我們忘記一件根本的事：那塊樸素之地從每個人心裡開始。

這是我想推薦每個在台灣生活的人，都讀讀《走著瞧》的緣故。

不，實際上，這個特殊的經驗、珍貴的視角，這個艱難但是溫柔的故事，我想推薦它給全世界的人。

推薦序

我們能否在令人哀傷和惱怒的不完美世界中，獲得身心平靜且持續前行？

財團法人青平台基金會　社會培力中心主任　劉璐娜

寇姐交友廣闊，從事社運的朋友不在少數，被吩咐寫序，可能因為我在 NGO 工作，也可能因為我曾就部份內容跟寇姐叨絮。

需要先釐清的是個人的經驗及觀點難以代表台灣的社會運動者，且沒有一個社運或抗爭經驗可被複製。上街陳情抗議的次數、抗爭強度，相較於長期投入的朋友都是小巫見大巫。受限於自己及組織的負擔，會偏重較熟悉的議題發聲、參與或協力。

從閱讀《走著瞧》初稿到出版前的版本，時隔近一年多，我的心境也有不少變化。

寇姐在書中反省竹塹事件的失敗，一開始，我覺得寇姐筆下對台灣社運工作者的批判太過嚴苛、不夠同理。我急著幫許多身心俱疲的社運和 NGO 工作夥伴抱不平。他們的處境，大抵是事雜且多、錢少人少，但戰場不斷、而敵人也不停進化和變形等等。考量能力和資源有限，社運組織的確必須把力氣專注在某些項目上，雖說多數的工作者個人的關懷既深且廣，但通常心有餘而力不足。

嚴格說來，台灣的議題圈和資源長期集中在台北，也不免帶有都會視角和附著於綿密的人際網絡。社會運動的形式雖也在改變，不只是議題，工具和形式也同步變異。但若缺少在地網絡或夥伴同行，訴求和運動失敗的機率是相對高的。也因此，不少台北的倡議和社運團體也逐漸往外串聯；然而，位置和議題邊緣的團體卻難以往中心串接或延伸。除非是遇到在議題上專業且投入的台北夥伴及團體支撐，否則難以見諸輿論和獲得社群的關注。面對這樣的不對等和落差是否有解方？我汗顏且目前也無解。只能老老實實地把來自台灣各地的年輕人和組織串起來，給予支持和同行，我還是樂觀的。

書中寇姐語重心長、筆觸重且沉，是來自高度理想主義和富有人道關懷的她，對台灣的民主和自由寄予厚望。她這樣說道：「這本書是一個對台灣社運的冒犯之作。冒犯的，是那些負有更多責任的人。責任面前，人，生而不平等。社運組織生而不平等，應該為社會公正擔負更多責任。」每回讀到這邊，我心頭一顫，社運所促發的公民社會的生命力、以及串接起人與人之間連帶的情感和社會連結，不就是台灣還能持續走到今日並維繫台灣存有的關鍵之一嗎？在挫折時，寇姐這樣鼓舞我們，綜觀歷史，社會、國家的進步向來都不是靠那80%的人，多數時候是那不到20%的人，由於他們堅持和參與促成了改革和改變。

寇姐用素樸可親的方式串起人也修復自己。運動、勞動、行動、走動，串起人和可實踐之道，寇姐靠紮實的力行，而不是打嘴砲或打雞血，更重要的是她對愛的信念和實踐。寇姐不只走著也瞧著，台灣的貼地之行，在理想之餘，切身且接近每一個獨特的台灣人和社群。她以真切的笑容迎接我們、輕聲細語傳達堅毅有力的訊息，感受到的不是壓迫或規訓，而是另一種再生的養分和支撐。在生命脆弱和困頓之時，有人溫柔提醒和拉妳一把，好好修復和照顧自己身心是重要的，無須羞愧。享受親自活著的時刻。寇姐以生命之作，承接每一個脆弱且猶疑的靈魂。

前言

活在當下，行走當下

我把這一生之中不曾愛過的愛
從未恨過的恨
沒有美麗過的美麗
不敢追求過的追求
都在這短短的一首詩裡
揮霍一空

二〇一七，我用一年的時間徒步福爾摩沙，一萬里路雲和月，孤身打馬過台灣。我要「走台灣路，看民主之所在；讀台灣人，探民主之所來」。不論「台灣」還是「民主」，都是大概念，我害怕在大概念裡高空盤旋，要透過衣食住行小細節，瞭解民主與平常人家日常瑣碎的關係，透過徒步行腳這種方式，離開台北同溫層，走入全然陌生的尋常巷陌，為自己尋得瞭解台灣新的角度。

我用一年時間萬里獨行，步履間，觀察者變成參與者。又用了一年時間，一邊耕田種稻、與土地戀愛，一邊將這本書寫成了一個對台灣社運的冒犯之作。冒犯的，是那些負有更多責任的人。責任面前，人，生而不平等。社運組織生而不平等，應該為社會公正擔負更多責任。

修改的過程也長達一年，一邊改一邊大釀美酒，將開放性在現實生活裡付諸運用，體會此中的收穫與代價。

不論是行走的過程，還是寫作與修改，每一步都充滿了出乎意料，不由自主，又所來有自。

作為經歷過政治打壓的中國人，我為尋求個人生命的解方行走台灣，要為有中國特色的困境尋求解方。如此行走台灣，顯見帶著先入為主的美好期待。因緣際會，在島嶼最南端的恆春參與保護竹塹，從一個觀察者變成行動者，在親身參與社會運動的過程中體會民主，體會在擁有民主與自由的台灣，普通人的個人生活與社會議題與自由民主的關聯。

從土地正義到吃貨比拚，上山下海走到哪裡算哪裡，釀酒會友「五桶」台灣。行走台灣這一年來，遇到了太多人、發生了太多事。風波詭異此生，這是我活得最為奢侈的一年，從年初台北慕哲咖啡館跟大家一起包餃子啟程，到年末宜蘭深溝租地種田做結，結下太多種瓜得豆的意外。

走萬里路，讀台灣人，經歷了成成敗敗各種起落，當我用寫書的方式回首這一年時，首先要回答自己這個問題：

台灣最吸引我的是什麼？

最吸引我的，是這片土地的多元包容；最有價值的，我認為是社運文化。

這些價值附著於真實事物，存在於具體的社運事件中。觸摸具體真實的人事物，參與邊陲地帶小社運，付諸行動的過程中經歷種種糾扯，我看到了珍貴的台灣價值，也看到這種價值被覆蓋、被忽略。這些糾扯與問題，有沒有解方？解方是什麼？

獨在異鄉為異客，我被名之「中國人」，每每聽到「中國人」怎樣怎樣，我也常說「台灣人」如何如何。「中國人」、「台灣人」之謂，既是具體的個人，也可以是一個大概念，在某些情境中是通用的，但很多時候我會特別指出：我是我，不能用「中國人」一語概之。

在寫本書的時候，我時時提醒自己，也時時困惑於此：是不是可以把我遇到的這些「具體的台灣人」放大成為「台灣這個概念」？有時候，釐清此中關係，是一種責任；有時候，混同二者則是不負責任。所以，寫這本書的過程，就會格外糾扯：

一邊在「愛與寬恕」及「恨與恐懼」的糾葛中，探究愛恨夾纏的台灣；

一邊在具體與概念之間跳動擺盪，琢磨我親眼所見、親身經歷與「台灣」這個概念的關係。

走自己的路　意外入牢籠

似乎是在年輕的時候，就寫盡了一輩子的詩。這本書裡摘引的詩句，都是年輕時寫下的。曾經以為，我已寫盡滄桑。

封面大字，是我老父所題。請我的母親校對，請父親題寫書名，從第一本書開始，已是我的一種生命儀式。直到二〇一四年春天，寫成《走》和《走著》，小心又小心地，不讓老媽看到。我寫的是中國民間行動的血淚史，「八九六四」之後社會的復甦。我不只是觀察、記錄，也是身在其中的一線行動者，這是一個與劫難共修的艱難歷程，每一個行動者都傷痕累累。

一人做事一人當，路是我自己選的，摔跤碰壁付代價，無怨無尤。對父母從來報喜不報憂，他們只知我「做公益」，但不知道中國民間公益史根本就是一部血淚史。儘管我已經把這部血淚史寫成了笑話大全，但還是怕年事已高的母親看了心痛。

那個時候我想不到，還會有更痛的痛等著我們。

我承認自己人生詭異，軍隊、地方，機關、企業，都市、農村，寫書、拍片，無奇不有，每當有人問我做過什麼，只能打哈哈：「除了坐牢，差不多什麼都做過。」

人生哪，就是不能大嘴巴，說什麼來什麼。感謝國家，給我一個坐牢大禮包，而且買一贈一，贈品極其昂貴，絕對物超所值，是那個登峰造極的罪名——「顛覆國家」。

二〇一四年，多事之秋，香港占中之後我被抓。

「哼！《行動改變生存》？就憑妳，還能翻得了天?!一個只有高中文化程度的小城下崗女工，搞什麼社會運動？寫什麼《可操作的民主》？五一二汶川大地震、太陽花占領立法院、香港占領中環、台灣非暴力抗爭培訓、什麼國際人權論壇……怎麼什麼好事兒都讓妳趕上了呢？」

這是「習李新政」之後的「顛覆國家」第一案，適逢萬人期待的「四中全會」（中共十八屆四中全會，於二〇一四年十月二十至二十三日在北京召開），人們原本對這次會議啟動政治改革寄予厚望，迎來的卻是對公益人的大逮捕，啟動了對民間力量的清剿。

這一回，真的是歷盡滄桑。

身心破碎，劫後餘生，遂有《敵人是怎樣煉成的》（二〇一六年台灣時報文化出版）。當然，這本書更加不敢讓老媽看到，還好，她的阿茲海默症已經發展到物我兩忘的境界，家人將我被抓的事瞞過了她。

不然，她會痛死。

不自由也不能死

「不自由，毋寧死」，曾經只是一句話，說說而已。感謝那段經歷，連站姿、睡姿、扭頭、閉眼都必須得到許可，讓我真正體會什麼是不自由，體會到這種不自由比死還可怕。最怕的不是聞所未聞的極端待遇，而是他們審訊指向的後果。

不自由，也不能死。這個渺小的生命負有某種使命，我必須對香港有交代。

「信不信香港有我們的人？」「信不信台灣有我們的人？」這句話我聽過無數次。我信。我確定有這樣的人，在香港占中和台灣太陽花運動現場無所不在，甚至就在我的身邊。

我在他們抓的人裡，最接近陳健民（發起占領中環的「占中三子」之一），亦師亦友，他也是我《走》和《走著》兩本書裡的人物。我直接接觸台灣社運人簡錫堦，探討非暴力抗爭。最初的審訊全部圍繞占中、圍繞陳健民、圍繞港獨台獨，一再追問、一再重複這樣的話。

我曾在總參三部（現名「中國人民解放軍總參謀部技術偵察部」）當兵，太清楚黨國的情報系統。我也清楚，每個系統都誇大其辭、迎合上意，都會言之鑿鑿說自己有直接情報源，知道占中三子如何？港獨、台獨、海外民運、境內顛覆。其實，這個國家所有的系統都一樣，都是這樣一道一道地編、一層一層地騙，希望從領導和領導的領導那裡得到更多資源。

我知道他們想讓我說什麼，軟的硬的都使了。但是我只能實話實說，跟他們講道理。知不知道領導的領導以致最高領導會被活活害死？香港的事情一錯再錯才會弄到現在這步田地，就這麼繼續編下去繼續錯下去，你們的領導就是千古罪人……我都到了這步田地，怎麼還有心情替領導操心？但如果血洗香港，我就是千古罪人！

我是二〇一四年十月十日被抓的，那時候，香港數萬人占中。我知道有關部門一定會清場，但不知道如何清場。已經有過一次「六四」，我不確定會不會有第二次。如果這個第二次發生在香港、如果血腥清場的決定與我有關，我幾乎不敢再想下去。

原以為生死莫大焉，但真到那種當口，始知這種與我有關的「時代退步」，才是生命不可承受之痛、不可承受之重。

不自由，也不能死。面對層層加碼的審訊壓力，從香港何至於發展到占中，講到中國民間公益事業的作用與歷史，翻來覆去講道理，讓審訊的過程成為說服的過程；擺事實、講道理，說服審訊者和他們背後的「領導」及「有關部門」，也是我回顧梳理人生的過程。

在暗無天日的囚籠裡構思自己的新書，這是我在泰山壓頂的審訊和泯滅人性的屈辱中讓自己活下來的方法。不知道前面有什麼等著我，但我必須對自己有個交代。

《敵人是怎樣煉成的》是在牢籠就已經想好的書名，很多人看後驚異於「妳居然可以把如此慘痛的經歷寫得這麼好看！」寫得好看，也是我在牢裡就想好了的。

「如果你的照片不夠好，那是你不夠近」，語出戰地記者卡帕。在中國做社會觀察，我足夠近，一直是一線行動者。卡帕踩到地雷的同時按動快門，留給世界一個標誌性的告別。在有過生死一線的經歷之後，確信自己在死亡突如其來之際也能像卡帕那樣。但我沒有想到會被捲入「顛覆國家」的風暴眼，與「時代退步」近在咫尺。

八個監視器下的凌遲

「槍斃」，是審訊者一而再再而三的威脅，彼時彼刻那是莫大解脫，但我求之而不得，只能在永無止境的屈辱中，見證自己緩慢死去的過程，而且還是眾目睽睽之下的全程直播，痛過凌遲，也長過凌遲。單獨監禁的囚室裡，我身邊除了永遠有兩名看守，還有多於八個監視器，包括廁所。

我的死又不僅止個人生死，還與香港的生死息息相關。

命運真的對我不公平，為什麼要讓我的生命跟這種不可承受的責任連在一起？

牢獄之中，在經歷了死與不死、瘋與不瘋的抉擇之後，我想清楚了：既然被推到了如此艱難的路口，不如乾脆選個更難的走法，才對得起這份通天徹地的痛。

把那段經歷寫出來，要對因我而起的大逮捕有個交代，對因之帶來大恐懼有交代。把那樣的經歷寫得好看，要給自己交代。

這本書在我取保候審期間完成，成書過程貫穿各級各類警察對我的各種騷擾，伴隨更多人被抓的消息，包括「七〇九」（中國維權律師大抓捕事件），這個國家正在直播絞殺社會的連續劇。我寫的是自己痛不欲生的經歷，也是中國民間行動的血淚史，把如此慘痛的經歷寫得好看，是在國家頻道漫長死刑直播的同時，在直播個體自救、民間自救，在治療自己、在為自己的生命求解方。

這也是「我們」的歷程，是我們在療癒自己、療癒社會，為這個時代求解方。

當突如其來的下崗讓小城女工走投無路，陰差陽錯漂流北京，最初只是為自己的生命求解方。但是，這個渺小的生命與社會又如何拆解得開？從下崗女工到《可操作的民主》，從小城到北京，從中國到香港、到台灣，個人生命的救贖與這個時代的解方，又如何拆解得開？

說到《敵人是怎樣煉成的》，我一再說「這不只是中國人、香港人的事，也是台灣人、所有人的事」。台灣朋友的反應都差不多，搖搖頭：「我們是台灣人，不會有事。」不久之後，台灣人李明哲因「危害國家安全」被抓，至今仍被關押。

不要怪我烏鴉嘴一語成讖。台灣人與中國的「國家安全」、這個世界與中國，又如何拆解得開？

不止一次對審問我的人說：「只有中國變好，我們每個人的人生才有解方。」對台灣人、對所有人都一樣。與這樣的一個中國同世為人，我們別無選擇。

感謝台灣，給我一年時間專心走路。「如果你的照片不夠好，那是你不夠近」，那就近一點，走進尋常巷陌真實人家小社運，親身參與，成為其中的一員。

近一點，還可以再近一點。二〇一八年駐足宜蘭租地種田，以一個農夫的身分，加入這裡的開放社群，《可操作的民主》是我在中國嘗試二十幾年、寫作十幾年的系列作品，而宜蘭深溝案例、開放社群與組織的組織化，將是其中第三部《沒有老大的江湖》的內容。

走進自由田園　走入幸福深處

二〇一七，我在路上，二〇一八，我在田裡。

員山側畔，蘭陽溪邊，我有一方水田，面朝大河，灑滿陽光。

我在這裡整田撒種，劈柴釀酒，像一株植物一樣，長在村莊。一邊耕田釀酒，一邊梳理自己完成這本書稿。

我很享受這種與土地為伴、播種萌生的過程。

此生漂泊，總在風雨兼程。至此，風也停駐雨也稍歇，且容我暫棲一程，陪伴這本書慢慢長大。

寫這本書的過程，也是頗多糾扯的修煉。在這個自由的地方，我面對台灣人的藩籬與囚籠、體會自己的面對與逃離，寫下真實的台灣觀感，也在學習面對自己，學習讓生命從無形的囚籠裡得到釋放。

就像過去一年結下太多種瓜得豆的意外，寫作一年間，也有很多始料不及的改變，寫到後面，與我最初上路時的想法，已經有很多不同，我在書中保留了這些痕跡。

今日之後
你又如何想到
這顆心已白髮蒼蒼
再相逢時
你又如何識得
我的笑已滿面風霜

寫下這些詩句的時候，我還年輕。年輕的我寫下了很多「歲月」和「滄桑」，囿於小城的我寫下了很多「遠方」和「在路上」。

二〇一七是我生命中最為奢侈的一年，總在遠方，總在路上。二〇一八是我最幸福的一年，活在當下，生命中滿滿都是感激與珍惜。

感激所有得遇。我用生命祝福你。

上篇

走在鄉間的小路上

在無邊無際的廣闊中誕生
在無休無止的顛簸裡成長
真正的行者為了走而走
沒有終點
真正的生命為歌唱而歌唱
沒有故鄉

準確地說，題目應該是「走在台灣的小路上」。但是實在喜歡四十年前的台灣校園民歌《鄉間的小路》，忍不住拿來做了標題。

那個時候，中國的大門，剛剛敞開一條若有似無的縫隙，最早的外資，來自港商台商，最早的文化衝擊，來自港台歌曲。中國的經濟改革，走上了香港台灣數十年前走過的路。

四十年後，我走在台灣的小路上，特別強調是「小路」，因為我要「走台灣路，看民主之所在；讀台灣人，探民主之所來」。兩句話二十個字，台灣和民主都出現了兩次，沒錯，台灣的民主、民主在台灣，是我探尋的中心。如果再加幾個字，會變成「走台灣尋常路，看民主之所在；讀台灣普通人，探民主之所來」——「尋常路」、「普通人」。

「自由」、「民主」寫在中國的社會主義核心價值觀裡，體制改革是遲早要走的一條路，社會轉型是遲早都要面對的議題，我走台灣路，帶著強烈的中國本位，我要看看台灣走過的路，能夠給我們怎樣的借鑑？被台灣引以為榮的「民主」，是個大詞，我要看看，民主與普通人的衣食住行有什麼關係；「民主化」也是個大詞，我要看看，民主化進程，與台灣人生命個體、他們的父輩祖輩的生命脈絡有什麼關係，作為一個普通人，又能如何作用於這樣的進程？

生活在台北，我對台灣的瞭解是從書本上來的、來自專家學者，我接觸到的，是社運領袖、活躍組織、積極公民。我對中國的認識，源自行動中累積的身體感受，深知在專家學者論述、出版媒體表達、社會運動視角之外有一個「不一樣的中國」。我相信，一定也有一個「不一樣的台灣」。作為外人，我在這裡不復擁有曾經的「先天優勢」，如何才能觸摸到這樣的台灣呢？我開給自己的藥方是：走路。

離開台北走出去，用雙腳丈量這片土地，走出原有認知路徑與社群網路，接觸不同地方不同的人。既看民主跟普羅大眾的關係，也看他們跟民主的關係，探尋台灣的民主與我有什麼關係、與中國與未來有什麼關係？

花和美酒，
官兵與賊

被關在牢裡是囚徒，
活在被限定的角色裡，也是囚徒。
囚於恐懼、囚於仇恨、
迷失於名譽或者某種名義，沒有根本不同。
不論在中國在台灣、在故土在異鄉，
個人生命與時代未來的解方，總是連在一起的。
祝願自己，
所有的逃離都能夠通往回歸。

品讀兩個真實場景，能夠看出我為什麼要行走台灣，這本書寫了什麼。
採用倒敘，先講後發生的。
時間：二〇一七年一月二十日下午二時。
地點：台灣，桃園中壢。
先不交代背景，直接切入現場。

「怎麼沒有人把妳抓去精神病院？」

那一天我跑步，朋友開車，在中壢遇到。這是我上路後中途遇見的第一個朋友，對我說的第一句話。真真交友不慎。有這麼說話的嗎！

第二句：「全世界沒有第二個人穿這樣，不是瘋子就是精神病。」——我穿得確實有點兒特別。

彼時正逢降溫，最低溫攝氏十點五度，朋友不僅穿了羽絨外套，裡面還有一件絨毛衣。

我披了一個白色大號塑膠袋，這不是我出門時原裝配置，早起穿了跑步裝，短褲背心，如今它們正和我的小身板一起瑟瑟發抖，躲在塑膠袋裡滴水，至於雨水還是汗水已不可考。見面之前，我已經在雨中慢跑六個小時，四十一公里，差不多一個馬拉松。

那天天氣預報百分之四十降雨機率，事實上是百分之百，台北至鶯歌是毛毛雨兼小雨，鶯歌至八德中雨偶爾大雨，其它小到中雨。八德的大雨全澆在我頭上，一點兒都沒浪費。如果不是我當機立斷衝進路邊店家，討來這個救命的塑膠袋，早就被凍到往生了。

穿成怎樣、被當成什麼人不重要，重要的是我來桃園幹什麼。

那一天，冒著活活凍死的危險從台北跑來，為的是去弘誓學院聽一個講座。弘誓學院是釋昭慧法師的道場，二〇一六年，昭慧法師在我有限的視野裡閃亮登場，嚇人一跳；一位出家人主動積極介入世俗事務，火力全開力挺同志婚姻，出語勁爆口沒遮攔，還要特別強調是在「代表佛祖祝福你」，活活顛覆我對「佛門弟子」的刻板印象。一查這位法師的資料又嚇一跳，原來是個歷史悠久的社運比丘尼。

但我此行不為同婚也不為昭慧法師，而是要去聽陳南州牧師的講座，在佛祖的地盤上，上帝要發言！而且內容更加有趣：《基督宗教改革與社會改革》——釋迦摩尼上帝耶穌玉皇大帝媽祖娘娘神明祖靈土地公，誰能告訴我：小小台灣，你到底藏了多少多元和包容？

為此值得走一百里一千里一萬里，凍死都值。

從台北跑去桃園這種事，我在兩周之前做過一次，那次是去楊梅的希伯崙共生家園，參加陳公亮牧師主持的公益募款餐聚，聽尺八演奏，一種幾近失傳的古老樂器。

兩次跑桃園都經過中壢，上次沒找到傳說中的中壢派出所。特別要找這個地方是因為「中壢事件」，一九七七年因為國民黨選舉做票，引發火燒中壢派出所，是台灣民眾在戒嚴時代第一次上街頭抗議選舉舞弊。朋友開車陪我探訪，現為桃園市政府警察局中壢分局。面對那棟老建築浮想聯翩，不能確定與日據時代的「台北縣中壢辦務署」有沒有關係？

上網搜索「中壢事件」，會在資訊世界迷路，牽出九十年前的另外一次中壢事件（為區別二者，史稱一九二七年「第一次中壢事件」），也會牽出台共「台灣農民組合」和台灣農民對抗日本殖民者，再往前，還會牽出桃園的開墾史、台灣的開拓史，這個小小的島嶼有著太多故事，吸引我流連忘返。

我說要用一年時間徒步環島，很多台灣朋友不以為然：「台灣那麼小，以妳的腳程，最多兩個月就走完了。」

確實台灣不大，我也很能走，每天幾十公里是小事，單純走路環島用不了多久。但是，台灣很小又很大，有太過豐富的蘊含，為了觸摸到這些美好，絕對值得頂風冒雨千萬里，哪怕被人當成瘋子精神病。一年時間怎麼夠？

有中國特色的場景

我要為自己的生命尋解方，在台灣，開給自己的藥方是為時一年的行走。曾經，在中國，我開給自己的藥方，是超過一年的閉關。

另一個場景發生在我閉關期間。

時間：二〇一五年六月三日上午十時。

地點：泰山東麓，我家。

必須先交代背景。

中國有許多敏感詞，比如六四，從一九八九年六月四日敏感至今，而且敏感程度隨著國家對內維穩升級不斷水漲船高。有關部門每年此時都會為「國保重點人」提供配套成龍的各種服務。請注意：中國的「國保」不是國寶熊貓，是警察中的一個分支「國內安全保衛」的簡稱，「國保重點人」，是一個極富中國特色的身分，妙不可言，我有幸躋身其中。

抓我，全程單獨監禁、始終雙人看守、沒有通知家人、從無律師會見，如此極端待遇和這個傾國傾城的罪名，據說是大案要案，上可通天。放我，市、區兩級國保加上不同派出所不同名目，你方唱罷我方登場，輪番上陣，傾體制之力將小女子團團圍困，不是特別對我青睞有加，如此打理「國保重點人」是這個國家的維穩常態，久已有之。

我宣布閉關。一要謝絕家人朋友的關懷探視，我知道自己身心破碎，需要時間和空間恢復；二要拒不速之客於門外，不速之客在此特指警察。

我的小窩第一次被警察光顧是京城欽差破門抄家，隨後當地不同品種的警察一次又一次突如其來。獲釋之後明確說過：「我家不歡迎警察。你們是公權力，家，是我的私領域，風能進雨能進國王不能進。有事，可以依法傳我去警局；警察要進，請帶搜查證。」

但他們是帶著禮品來的：「我們出來春遊，順便看看朋友，看妳的身體恢復好些了吧。」我剛出牢門就進醫院做手術，他們對我的情況一清二楚。

第二天就是六四，那個特殊的日子，我不想橫生枝節，只能開門揖警。

不管是警察破門而入還是敲門而入，都是隱喻。在中國，有法律，我也依法擁有權利。但是，法律算個屁。

花和美酒，官兵與賊

我的小院，陽光燦爛，春暖花開，一地繁花奼紫嫣紅，喧鬧得不成體統，室內燭光搖曳茶香飄溢，頂天立地的書櫃最下層排了一列酒罈，自釀桑葚酒正在發酵，帶著醉意的氣泡劈啪作響暗香浮動。

就像警察讓我不爽一樣，我也讓他們困惑。尋死覓活、以淚洗面、怒火萬丈，應在他們預料之中，屋後丁香襲人、房前鮮花遍地、烹茶釀酒顯然不合標配。

大病未癒的囚徒，倉促迎接有備而來的警察於如此情調的山居，且不論春日繁花與「官兵捉賊」的戲碼多麼不搭，單聽我們的對話也像極一部剪輯失敗的電影，極其違和。

大駕親臨的公安局國保大隊長是位讀書的人，告訴我前幾天去北京出差，順便去圖書市場掃貨，我知道，在這個美麗的春天，全國國保都會去北京出差共商維穩大計。我不確定全部會議內容，但確定其中包含如何在六四之前監控各地各種國保重點人，含我在內。

警察叔叔面帶微笑溫馨提示，取保候審期間隨時可以將我依法收監，法律給了他們那樣的權力，我同樣笑容滿面：「大牢房小牢房只要是牢房在我看來沒太大差別，如果評比優秀犯罪嫌疑人，我應該高票當選吧！」

「哈哈哈，寇老師太風趣了，這是說到哪裡了。」

喝茶喝茶。

甘冽清泉來自我家屋後深井，頭頂太陽能發電自給自足，茶葉得自地北天南，玫瑰近在眼前，是小院自產，杯中玫瑰紅茶名曰「關起門來朝天過」，味道應該不錯吧。

話題終於引到「寇老師在寫什麼」，另一位立即接上：「《我的獄中日記》？」

啊哈哈！這才是此行真正目的吧。小女子被你們重兵圍困，也值得怕成這樣？

警察叔叔關懷我：「寫什麼，是妳的自由。我們都是為妳好。妳也該想一想，這樣的書，就算是寫了，也沒有人會出。」

哈哈哈！你們操心這樣的書沒有人出，我操心這麼 low 的題目沒有人寫。

儘管話不投機依然笑聲起落，茶香酒香混為一談，洋溢著一派驢唇不對馬嘴的詭異氣氛。

他們怕我把那段經歷寫出來，又知道我一定會寫。大案要案幾十上百人將小女子抽絲剝繭，從盤古開天查到片甲不留，對我瞭如指掌。

他們猜對了，我確實在寫那段經歷。

他們又猜錯了。黨和國家低估了我，我不僅不會用那麼low的題目，我要寫的，也不僅只是被抓被審那點事。這個話題留到下一節，繼續回到當時的場景。

警察闖入之前，我正在透過書寫面對恐懼、解析恐懼，他們入鏡頗具隱喻意味。彼時彼刻充斥我詩情畫意小小山居的，不是春光，而是恐懼——不是我的恐懼，而是他們的，警察的恐懼、國家的恐懼。

一方是赤手空拳小女子，另一方是國家機器巨無霸，害怕的居然是他們。被牢籠控制是囚徒，被恐懼控制同樣也是囚徒。在這一點上，我比他們自由。就連他們也不得不承認寫什麼是我的自由，就算自信黨國威力無遠弗屆能夠封殺我也救不了他們。他們在恐懼的驅使下不斷製造恐懼，但依然恐懼。

這是死結，這個國家的死結。

我要從這個死結裡跳出來，不做恐懼的囚徒。

寫什麼？誰在寫？為什麼寫？

我在寫什麼？這是個好問題。

作為一個寫作者，在回答「寫什麼？」之前，還有一個根本的問題是：「誰在寫？」及「為什麼寫？」

被關在監獄裡面什麼都做不了，只能在心裡默默擘畫自己的新書。這裡的隱喻是：我可以被囚，但不能自囚。在那種極端狀況之下做這樣的功課，讓我更加清楚自己是誰。就連一遍遍以死相脅的審訊者，都不得不對我說「中國需要妳這樣的人」，他們自己也清楚，那個壁壘森嚴的牢籠，能夠囚禁的只是我的身體。

獲釋同時被告知「妳就把泰安（我家鄉地名）當成一個大監獄」，我知道，我也知道中國就是一個大監獄。我還知道，我的身分不能交由他人界定，要知道自己是誰、知道該做什麼。

很清楚我的書寫是被警告的、是要承擔後果的，但如果因此不寫，就是自囚。

獲釋之後，同時在寫兩本書，一本是《敵人是怎樣煉成的》，我二〇一三年開始的「現實魔幻主義系列」的第三部，另一本是《可操作的民主》系列第二部《一個個人的民主化進程》，是我二十多年的行動反思。

特別強調，書寫這事被抓之前原已有之，怎麼寫、寫什麼是我的事，無干被抓被放、無干黨和國家「三個代表」（江澤民提出的重要思想，在我上一本書《敵人是怎樣煉成的》中，指三個審訊者）。從來都是國家欠我，我不欠它半毛錢，我甚至根本就不care這個國家。我關心的，是如何在現世內心寧靜，寫什麼書、做什麼事、如何活過這一生，是我跟我的內心的事。雖然「顛覆國家」詭異經歷從天而降是不能不寫的神來之筆，但也只是一段意外驚喜罷了。我的書寫，不是為了控訴揭露、復仇雪恥，我是在為自己的生命尋解方，不能因為這個國家抓我審我、將仇恨屈辱加諸於我，我就跟他們一樣。

讀者感嘆這樣的一個人寫的這樣一本書「沒有仇恨」。

沒有仇恨，不是他們不可恨，而是因為：我不是仇恨的囚徒。

不做仇恨的囚徒

對《敵人是怎樣煉成的》，我一再申明不要只做道德勇氣層面的解讀，雖然寫這樣的書天然具有道德勇氣意味。我在開篇前言寫明：「不為挑戰禁忌顯示英勇，不為受到的傷害以牙還牙。我只是在表達那個被禁止的愛，不管這禁止來自牢籠還是自己。」

被關在牢裡是囚徒，活在被限定的角色裡，也是囚徒。

不論是率先推廣殘障美術家的作品，還是汶川大地震救援，或是可操作的民主，還是抗爭發聲，總要有人站出來；在這個世界上，總是有一種東西，天生具有正當性、有道德勇氣擔當，但要警惕以此標籤自己。必須清楚自己是誰，才能超越限制。

囚於恐懼、囚於仇恨、迷失於名譽或者某種名義，沒有根本不同。

作為作家可以騙讀者，作為囚徒可以騙審訊者，作為一個人可以騙任何人，唯獨騙不了自己。那次漫長超過一年的與世隔絕，我的根本任務不是寫書，也不是面對各種警察各種問題，而是面對自己。

處理自己的生命關係才是頭等大事。跟我媽我兒子的關係、我生命的來龍去脈，我的精神世界與現實生命的關係、如何活在當下。

理清這些，才有可能考慮寫什麼，才有能力不被恐懼仇恨囚禁、超越監視我的警察與羈絆社會的體制，作為一個母親，寫給未來。

這一年行走與那一次閉關，究其根本，沒有差別。都是為了回歸自我。

自私的逃離者

提到這一年行走台灣的計畫，總會想到張愛玲那句著名的話：「她不過是一個自私的女人」，我不過是一個自私的逃離者。

我要探尋民主真義，是真實的，這種關注已經融入生命，幾近本能。

還有一個同樣真實的需求，我要專心專意陪伴自己，走遍萬水千山，只為一夕安眠。

二〇一六年帶著我的書稿離開中國，初到台北，瘋狂趕工，出了三本書。這是我的功課，也是我的治療。感謝我的生命，忠實支撐了這些願望。但是每一絲雲淡風輕其實都曾經滄海，能把打掉的牙齒和詩與遠方混為一談嚼嚼嚥下是真的，那個把恐怖寫得好看的生命滿目瘡痍危如累卵也是真的；無恐懼無仇恨無悔無怨是真的，每一次睡眠都如風中飄擺的玻璃風箏動輒破碎，也是真的。

那段時間拚命趕工，為了在十月十日完成這三本書，以此紀念我的被抓兩周年紀念日。終於完工出關，朋友邀我去聽貝多芬第三號鋼琴協奏曲。那天我在雨中跑了兩個多小時，台北的公共交通很便利，通往國家音樂廳的方式有很多，但我必須要有一場奔跑，不管是不是有風、是不是有雨。我知道自己能夠頂得住，就算不跑也不會瘋、不會崩潰，但是如果沒有這一場奔跑，我的身體如何面對這個漫長的夜晚？

那天的雨很大，在捷運站洗手間剝下濕透的運動裝，換上包裡事先備好的披肩項鍊絲綢長裙，慢慢進去，輕輕入座，像那天的曲子一樣行雲流水。我撫慰自己的情緒，就像安撫一盆滿溢的水。當鋼琴王子弗雷迪．肯普夫第二次在聚光燈下謝幕的時候，那些水還是從眼睛裡漫出來了，一個聲音又不管不顧兀自飄來：「兩年前的今天，我在哪裡？」

但我並沒有哭出來，這麼美的地方、這麼美的音樂、這麼美的夜晚，我不捨得哭。親愛的，一件事情已經結束了，在這美好的地方，妳需要一個開始。

說走就走　為生命找解方

那天在風雨交加的桃園，朋友把帶著體溫的絨毛衣脫給我：「倒不是怕妳傷風感冒，怕的是被當成瘋子關進精神病院……」朋友們在我的倔強驕傲和身心破碎之間小心翼翼，在無微不至和不露聲色之間頗費心思。我則努力表演「很好」，轉移壓制覆蓋深藏那些傷，裝作它們不存在。但我知道，它們都在那裡，像種子一樣埋在我的生命裡。

我需要時間和空間，讓噬人的種子成為種子，該發作發作，該開放開放。我需要做回自己，讓屈服脆弱和堅強勇敢各歸各位。我和那些傷，都是有生命的，都需要走過某種歷程，各自生長。相信終有一天可以收割那些成長，真正好起來。

我只是一個自私脆弱外強中乾的小女子，被命運撥弄，走過一段好難的路，此時此刻，要為自己選一條容易的路。我要逃離台北、逃離朋友，逃離舒適圈、同溫層，逃離他人觀感、社會認知，逃離願望使命、社會角色，不管不顧丟下一切說走就走，為自己的生命找解方。

我只是一個自私的人，做了一件任性的事。

台灣，不僅是我休憩再生之地，這個小小的島嶼足夠豐富足夠大，讓我再次見證個人生命與社會問題、社會運動的聯繫，與中國、與未來的聯繫。

一年，一段夠久的時間，一萬里，一條夠長的路，那些防衛與殼、那些鎧甲與迷失一層一層褪下，不管是外界加諸於我，還是源於自己。當然會有新的問題和困擾，會在隨後提到。這裡出現的關鍵詞，包括囚籠、自由、開放、多元、恐懼、仇恨、逃離、面對、成長、回歸，也會在此後的表述中，一再出現。

逃離羈絆擁抱自由、立足現實回歸自我，是人再正常不過的需求，如何達至這樣的目標，各有各的辦法，各有各路。

二〇一七，我選行走。這是我一年間行走台灣的紀錄，是為自己生命求解方的過程，也是觀察、參與此地社會運動，面對台灣的問題、中國的問題，為未來求解方的過程。

不論在中國在台灣、在故土在異鄉，個人生命的解方與時代未來的解方，總是連在一起的。

我祝願自己，所有的逃離，都能夠通往回歸。

搶救活著的歷史
——「竹塹恆春」

這種多元、豐富，是有趣的台灣特色，
是一種活著的歷史。
這是台灣的，且僅屬於台灣，
一行一動都在詮釋獨特的台灣文化性格。

先人創造的歷史保留傳承至今，
經由我們當下作為，得以保留，或者就此斷送。
歷史，就這樣活在我們的生命裡，
活在我們的生活中。

探尋台灣的民主，我所欲也，療癒自己，亦我所欲也。二者不可得兼怎麼辦？那我就走路探尋台灣民主，順便療癒自己，或者走路療癒自己，順便探尋台灣民主，隨便你怎麼說，反正我不會掉進單向選擇二元思維的坑裡，走自己的路，那就對了。

動身前手起刀落，將牙刷柄斬掉一截。徒步環島的輕裝，以克為單位計算。上路前把電腦丟在台北。痛下決心：專心走路，什麼都不做。

冬季到台北來看雨，總是下雨的台北陰冷潮濕，冬季的南部陽光燦爛。從高雄開始，由美麗島上路，過年期間路上幾無行人，我和我的影子，向南再向南，孤身打馬過台灣。

總會在陽光燦爛的正午，找一個背風向陽的地方，安靜曬一會兒，有時候是在海邊沙灘，有時候是山林小徑，就地趴下，讓正午的陽光，穿透自己。天上的雲收放自如，身邊的海溫情舒展，天很藍，浪很白，山風很清澈，時間很從容，陽光地老天荒，把自己交給這樣的陽光，會被曬化掉的。

每天走六小時、八小時、十二小時，每一個當下，都是此生此世不會再有的風景。我不趕路，我感受路。永遠走不完，永遠走不夠，把自己交給路，走到融化、走到醉掉。

感謝這美麗島嶼，「盛產地震、海嘯、謊言、暴力，然而卻四季如春，國泰民安。」一個經歷過重創的女子，要用一年的行走休養生息，為自己的生命求解方。親愛的，妳要溫柔又溫柔地對待自己，珍惜這一年專心走路的機會，從容體會。

我要用腳步測試台灣轉型的溫度，為自己的實踐找照應，這是我今生今世的心願。親愛的，妳要溫柔又溫柔地對待腳下的路，誠實面對，面對自己、面對台灣。

空空如我　得遇

除夕之夜，送自己一個春節禮物：剃光頭。這是我人生之中第二次。

長髮飄飄五十年，第一次剃光頭是二〇一五年十一月二十一日，剛剛完成一個人獨走一百公里。那一天，總部在香港的《端傳媒》刊出了一篇報導〈寇延丁：一百二十八天的地獄，一百公里的救贖〉（後來獲二〇一五年「香港人權新聞獎」）。「去年十月，她被關押在祕密地點夜以繼日地審訊，度過了一百二十八天的地獄；今年她決定在泰山以行走救贖自由，一個人，一百公里。」

「削髮明志」是常見的說法，但我兩次削髮都說不上明志，表明態度而已，第一次是給警察看的。自此短髮示人。時隔兩年，在台灣自由之邦再次削髮，是給自己看的。

五十知天命。本來我以為早就知道天命了：建設社會，是我要做一輩子的事。被抓讓我失去的不僅僅是人身自由，也失去了繼續做事的可能性。而今我的人生連根拔起，被強制歸零，得到了自由，但失去了一切。新的一年，從頭開始，我要讓自己重新活回來。

走在路上，一切都好，好到不能再好。為什麼，心裡空空落落，到底丟了什麼？

曾經，我知道自己是誰，想要什麼，並為之付諸行動，我的生命角色和人生目標和現世行動完全一致。可以有困難、有傷痛，但從沒有如此空空落落。

我在享受前所未有的奢侈假期，但是，在別人的土地上，我只是個過客，在別人的社會運動中，我只是個看客。明明是個大活人，活得像個幽靈，沒有自己的位置。

就這樣空空如我，在那個山風吹拂的傍晚，走進恆春，撞進那叢百年竹塹裡。

夜來風雨聲　古厝故事知多少

這一路還是被朋友們照顧得太好，終於離開台北的同溫層，又走進了南部的朋友圈。從一個朋友到另一個朋友，從一種陪伴到另一種陪伴。

朋友的朋友介紹我去恆春找張洧齊，一位年輕的文史工作者，從事家譜修撰，家裡有個剛滿月的兒子，就這樣結識了張洧齊、張雅琳夫婦和他們的兒子亮亮。

小夫妻給我的第一印象，典型的台灣小清新。

洧齊語速很慢，聲調平緩，溫文爾雅，雖然在我們的交流過程中一再提到「我們恆春人很野的」。

他很會講故事，不急不徐慢慢道來，非常擅長用提問設問的方式引出答案。

我是第一次來恆春，正逢恆春風季，覺得一夜都在下雨，那種連風帶雨的感覺。第二天、第三天還是一樣，一夜風聲雨聲。不過彼時已經知道：我耳中的雨聲不是真的雨聲，而是房前房後竹葉在風中拍手的聲響，竹風如雨。或者，更準確一點，是竹塹的聲響。

「聽說過竹塹嗎？」洧齊帶我熟悉環境的時候，這是他給我的第一個問題。

聽到過這個詞，也知道新竹之名得自「竹塹城」，還知道著名的台灣少棒有「竹塹盃」，但不知道竹塹到底是什麼。

張洧齊指著那道密密實實由竹子組成的屏障告訴我：「這個就是竹塹，我們家族的城牆，有城牆的功能，但比城牆耐久。你知道竹塹的壽命有多長嗎？」我搖搖頭。「同期建成的恆春古城，城牆幾經修繕，竹塹如果沒有人為破壞，可以永續使用。」傳說中的竹塹，就在我眼前飄擺。恆春古城一百四十多年，也就是說，一夜沙沙作響，讓我疑似雨聲的，是百年竹塹被風撩撥的「古樂」——我好幸運。

恆春張氏的祖先來自中國福建漳州平和，客家人張原吉是明代遺民，渡海遷台落地生根已經傳到了第十四代，繁衍七千多人，是恆春第一大姓，張洧齊是恆春張氏第十一代。說到這些如數家珍，確實是張洧齊的家珍，不僅因為這是自己的家族歷史，還因為他剛剛完成的一份工作，就是自己家族的族譜。

恆春古城是遊客必去的景點，一八七五年、清光緒元年在這裡築城設縣，是台灣僅存、專門用於防守的單邊城牆，從日據時期就開始被列入各種古蹟名錄，近年又因電影《海角七號》爆得大名。

朋友說，當地獨有的「恆春厝」同是歷史遺跡，保存至今的古家屋屈指可數，我住的張家古厝即在其列，非常珍貴。

「恆春厝」是歷史建築、文物，有說不完的故事，老屋同時是一家人容身其間衣食住行的家，是活著的歷史建築。我喜歡聽台灣人衣食住行的故事，他喜歡講張家古厝的過往，正好願打願挨。聽他一路琳琳琅琅講下來，給我留下深刻印象的，反而不是房子，而是人，與之相關的人。當我講竹塹故事古厝故事的時候，講的也都是人的故事。

故事太多，全都從頭講起那就沒完沒了，只能選幾個關鍵詞，擇其要者。

「原住民」——誰是這片土地的主人？

第一個與人有關的關鍵字，是「原住民」。連著既往，是歷史，外來移民與原住民的關係，台灣開墾的歷史。

在我走過的地方裡，恆春不是原住民文化特色最突出的，恆春古城是漢文化遺跡。但有趣的是，回看古城歷史，無不與原住民有關。台灣，本已是帝國邊陲，位於台島最南端的恆春，又是邊陲之邊，居然在一百四十年前就設縣築城，也與原住民有關。

一八七四年的牡丹社事件，源自一八七一年琉球國五十四人被高士佛社原住民出草獵首，引出日本明治維新以來的第一次海外用兵，也引出了中日之間一系列外交折衝，還引出了恆春建城與設縣。

張家古厝與古城同齡，相距不過幾百公尺。張氏祖先到達恆春則先於大清帝國欽差大臣兩百年，是明代遺民。

洧齊講先祖墾拓經歷，明明是外來移民的故事，但「原住民」一再出現。確實，他們是這片土地最早的主人，早在漢人來此開墾之前，就生活在這裡。

「我們恆春人很野的。」洧齊鼻梁上架著一副眼鏡，文質彬彬，一笑眼睛就瞇起來，他的溫和笑容及平緩語調與這句話恰好形成對照，「不野在這裡活不下來。這裡的原住民太厲害了，素有出草獵頭的習慣。」

除了原住民，恆春半島自然條件堪稱嚴酷，這裡的行道樹都歪著頭，因為風太大被硬生生吹歪，季風、颱風、落山風大風勁吹，吹到有機場但沒航班。

除了原住民和大風，烈日酷暑不宜農耕，能在這裡活下來的人和植物都夠強悍。

三百四十年前，八旗兵大軍南下，煙花三月下揚州，揚州十日是屠城十日，保定之屠、舟山之屠、金華之屠、廈門之屠一路殺往南方。「分路去，逢村堡，即下馬斬殺」，明令大開殺戒，很多地方的滅絕性屠殺無干「留髮不留頭」或有無抵抗，平民百姓命如草芥，其實沒有選擇。

書生渡海　定居虎頭山

福建書生張原吉開始了他的逃亡，孤身一人沒有子嗣，過繼了弟弟的兒子，隨同他的是同樣孤身一人的老管家，還為繼子帶了童養媳趙氏。

彼時的台灣，也在經歷時代更替。本來原住民是這裡的主人，比原住民更早的是水裡的魚蟹和山中的梅花鹿。後來這裡的主人變成了荷蘭人，恆春半島西側龜山，是荷蘭人的鹿皮貿易集散中心。明末鄭成功打走了荷蘭人，台灣易主，恆春易主。

張原吉不是最早的漢人移民，他們循著先行者的軌跡，先搭大船到台中，彼時的台中早已不復跑馬圈地時代，捷足先登者占地為王，後來人無地可圈，只能再換小船繼續向南，直到進入台灣最南端水路盡頭，在保力溪離船上岸。

兩老兩小最早露宿虎頭山，放牛養羊。「他們是來開墾的，為什麼一開始不種田？」「我不知道，」張洧齊再一次自問自答：「種田需要多人手大投入，他們人單力孤，而且，種田要等半年之後收穫才能有得吃，人早餓死了，有羊有牛就能活下來。」

虎頭山荒涼之地，說是山，其實是丘陵更貼切，不宜開墾也沒有高大森林，不是獵場，原住民不會來。只有在這樣的地方，勢單力孤的外來人才有可能活下來。

虎頭山不僅是張氏開台發祥之地，也是張原吉為自己選擇的墓地，他認定這是一個風水寶地，占據這裡，就會長出千秋萬代的基業。墓地呈半環形，中間是開台先祖，後面是繼子夫婦，最外拱衛的則是七個孫子的墓。這七個墓都是衣冠墓，七個孫輩只是建了一個墓地在這裡陪伴先人，因為當恆春張氏第三代入土之時，張氏已是恆春第一大戶，他們的子孫已經分別發展出各自家族，建立各自勢力範圍，也開闢了各自的家族墓園。

第三代長房據守恆春第一道門戶射寮，掌管碼頭，也就是先祖上岸的地方，那個村莊就叫頭溝或者頂頭溝，依次二溝三溝四溝一路排將過去，分別掌管貿易與運輸農耕等等。

當年貨物進出依靠水運，保力溪相當於現在的高速公路，張氏有大炮駐守河岸，一家當關萬夫莫開：「外面的貨物想進來，恆春的物產想出去，都要給我們錢。」——如此霸王生意根本就是國家職能，在這個天高皇帝遠的地方，土皇帝跟真皇帝差不太多。

千坪竹塹裡的安居樂業

蓋了這所房子的張文珍，是五房第六代，五房子孫看守墓園、農耕。

張家富甲一方，想幹嘛就幹嘛。水是農耕時代的重要資源，逐水而居，很多村落都是圍繞水井修建的，經常是一個村莊幾十戶人家共用一眼水井。當時恆春城裡只有五口井，欽差大臣開工鑿井都是要記入史冊的，張家獨門獨院獨享一眼水井。哈哈！有錢，就是任性。

洧齊賣了個關子：「猜猜建房的材料是怎麼來的？」

不用猜，一定是從福建跨海運來，包括建房的匠師，也自福建請來。當時台灣有錢有勢的人都這麼做，何況是土皇帝。

饒是土皇帝，也怕原住民，要先搞定保安問題。「高築牆，廣積糧」，只有欽差大臣沈葆楨才能玩得轉，恆春古城耗費白銀幾十萬，歷時十幾年。「瑯嶠皇帝」（恆春縣舊名瑯嶠）畢竟不是真皇帝，農人的生計是從土裡種出來的，農人保安，也從土裡種出來——竹塹。

「當年，竹塹外面還有護城河，一道很深的溝，注水，外面還是一道竹塹，一層一層做到這麼三五層……」

如此這般，差不多就是銅牆鐵壁，圍起來的，就是一份千秋萬代的家業。欽差大臣築城與原住民有關，瑯嶠皇帝種竹塹也一樣。儘管他還娶了一位原住民的女兒做姨太太，但姻親歸姻親，獵首歸獵首，一定要重重衛護才能安心。

故事講到這裡，必須小小備註一下：竹塹不是漢人防禦原住民的產物，此前早已為原住民所用，甚至地名「高雄」也由此而來，「竹塹」馬卡道族語言發音「打狗」，日本人以為不雅，以「高雄」取代，沿用至今。不僅新竹是竹塹城，高雄也是，從北到南，台灣曾經到處都是竹塹城。

洧齊手撫後院幾株百年老樹：「這叫毛柿樹，結的柿子不好吃，但材質堅硬。祖先建房時就想到了修房的需求，山裡有的是樹，但我們修房需要木頭是不會去砍的，那是原住民的地盤，可能沒砍到木頭反而丟了人頭。我們要在這個地方活下來，就得找到與這裡的環境相處的活法。」——各種力量消長，邊界推擠，從你死我活、有我無你，到有死有活、你活我也活，外來移民與原住民的關係，才是台灣的開墾史。

竹塹占地一千坪，院落之內有菜地，有毛柿樹，還有水井，萬事俱備，就可以拒原住民生命威脅於家門之外，關起門來朝天過了。

「日本人」——百姓與官府治理的歷史

人活在現實裡，是很難關起門來朝天過的，第二個關鍵詞登場，「日本人」來了。

我超級喜歡「關起門來朝天過」這種表述，自給自足不是目的，要的是完整的個人生活，這不僅是一種狀態，也是一種人生境界，一直夢想有朝一日寫本書，書名就用這句話。與這句話結伴出現是「帝力於我何有哉」，這更是一種境界，逃逸於現世，超逸統治。

但我知道，這只是一種人生在世的夢想而已。

介紹古厝歷史的時候，「日本人」也是反覆出現的高頻詞。一八九五年，台灣改朝換代，甲午海戰之後，清廷割讓台灣，日本人成了這裡的主人。古早台灣人習慣稱呼「日本時代」，而不是「日據時代」。

改朝換代是大事，但要從衣食住行小細節說起，具體到古厝留痕，一個是與拆除有關，一個與改變有關。

先說拆除。日本人來到台灣就開始大拆，不留任何分庭抗禮的堡壘，拆掉了台灣各地的城牆，只餘左營、恆春以示懷柔。覆巢之下更況竹塹乎？恆春四座竹塹，分別在頂頭溝、虎頭山、龍水、北門，皆是土皇帝張氏一門的獨立王國。「日本人不允許有組織網路和防禦系統，訂出一個部落改善政策，所有竹塹都被強制拆除。只餘北門竹塹部分保留。」

洧齊教我分辨兩種不同的竹子：「保留下來的竹塹，僅留其形未留其實，已經失去了防禦功能。祖先種下的是台灣原生刺竹，橫生枝條盤根錯節，幾乎砍不動。留下來的北門竹塹被換成了桂竹，桂竹細且光滑，容易砍斷。」

再說改變，日本人統治，採用標準化治理，在衣食住行的細節裡處處可見。

恆春古厝是獨有特色建築，最大的特點是防風。多雨地區，住宅門外都會有探出來的房檐，但這裡的房檐瓦與牆平齊，為了防止被大風吹落揭翻，還會在房檐瓦上蓋磚或者女兒牆。恆春多雨，房檐的功能必不可少，那就再尋變通。

張家古厝的斗子牆分為兩層，裡層是楓港石和石灰紅土，外貼尺二紅磚作裝飾，這層牆外，依客家建築慣例是房檐，恆春厝在房檐邊緣位置又築了一道牆，既能支頂房檐，也能防風防雨，還有助於抵禦酷熱。牆與牆之間那條狹窄的走道，就是恆春厝獨有的「巷路」。

恆春厝有兩道牆，也就有了兩道中門，外寬內窄。張家古厝兩道門檻明顯不同，同樣都是紅磚，內門門檻用的是中國手工磚，小；外面是日本機械磚，大。日本人不喜歡跟中國太親近，統治時期禁航禁運，外層風化毀損後，只能換更大更厚的日本磚。

磚磚瓦瓦都是歷史，日本人的痕跡無所不在，這也是台灣治理的歷史。當然，更重要的歷史不只於老屋上的細節。洧齊問我：「日本人來了，我們家跟日本人會怎麼樣？」

那還用問？跟他拚。

割讓台灣的皇帝是紫禁城裡的愛新覺羅，但此時此地的瑯嶠皇帝姓張，當年老祖宗為了不食清粟，以書生文弱之身遠闖汪洋大海，現在子孫上千，武裝到大炮，此路是我開，此樹是我栽，倭寇跨海來犯，自然一場惡鬥。

沒有想到洧齊微微一笑，拋給我出人意料的答案：「我們關係很好。」

我的驚愕顯然在他意料之中，又是一笑，繼續解釋：「因為他們打原住民。」

洧齊頓了一頓，輕輕嘆一口氣：「再說了，雙方力量懸殊不成比例，什麼樣的抵抗，都是以卵擊石。」

那時還沒有觸及保護竹塹，不曉得這句話與他的關係，更想不到也會與我有關係。

關係好歸好，部落整頓拆竹塹，照樣拆你沒商量。一樣隨時進入竹塹，整你沒商量。

古厝還住了一位九十四歲阿嬤，她說，年輕時最怕日本警察。每隔一段日子會來一次，日本人嫌台灣人髒，並不進屋，而是背著手站在院子裡。日本警察戴著白手套，擺擺手，命令她把家裡的東西拿出來擺在院子裡，搬空了到門口看一眼，再擺擺手，把東西一樣樣搬回去。

台灣這種天偏地遠的地方向來治理鬆散，留髮不留頭這種伏屍百萬的事，台灣歸順清朝後也沒有認真過。張原吉遠走天之涯海之角，已經接近「帝力於我何有哉」。但到了日本時代，大日本警察的天羅地網卻不容化外之民。竹塹擋得住殺人獵首的原住民，卻擋不住戴著雪白手套的日本警察，帶來的不只是日本人的生活標準，也是一種治理必然，是現代化國家治理本身的特點。

現代化國家說大也大，說小又小，國家機器大到任何民間力量無力抗衡，小到治理系統細緻入微密不透風。後來我在許多部落地區聽到了類似橋段，從剿滅部落反抗、強制遷村、村落規畫到房屋格式、人員造冊、衛生標準，都有一定之規，這種生活細節裡的標準化系統，又由警察、由國家機器武裝力量來執行，好有象徵意味。

人想逃開國家機器，農業時代似乎還有可能，工業時代逃無可逃，如今進入資訊時代，人的自主空間更大了？還是更小了？

「錢」——萬變不離其宗的歷史主角

第三個關鍵字是「趙公元帥」。當然說的不是財神本人，而是「錢」。經濟力量，才是萬變不離其宗的歷史主角。

洧齊在古厝前指點歲月留痕，不同時代的修繕方式，貧富興衰一目瞭然。初建時是當地一等一的豪宅，建房是百年基業，不惜工本。紅彤彤的斗子牆下擺飾以清代剪黏華麗的貼花；日本時代，剪黏掉落，選用水泥覆蓋，僅在中門兩側顯眼處，在水泥裡摻進了貝殼砂，再噴水洗掉表層水泥，顯出貝殼光澤，摸上去也有特別的手感。

世代更迭，人丁增加，張家古厝幾經擴建加蓋，日本時代後期，洧齊的曾高祖在正房兩側分別加蓋了兩間，原有的「一條龍」一排五間長成了九間，格式仍依古例，但不再有剪黏那類繁複裝飾，房頂福建紅瓦也變成了日本黑瓦。

進入民國，祖父又在最右側加蓋兩間，與已有的一條長龍呈九十度直角，這一回加蓋的是草頂屋。加蓋的房子愈來愈低、愈來愈簡單，一則客家規矩，加蓋的房子不能高出正房，二則家道中落捉襟見肘，人在錢檐下，不得不低頭。

「張家人」——獨特多元的台灣文化性格

第四個關鍵字是「張家人」，住在這裡的人。

書寫歷史、傳承歷史的，是人。因緣際會，張洧齊成了這樣的人。

因為走進恆春，得以與這樣的人接觸；因為與人接觸，讓「歷史」走出書頁，具有了溫度與質感。讓台灣，因為這樣的歷史而成為台灣。

說實話，一開始我對這處違建環繞的老房基本無感，特別受不了後來維修時新換的鐵皮屋頂和亮閃閃的鋁合金門窗。同是台灣老厝，屏東宗聖公祠和新竹關西羅屋書院，不論是當初建造還是現下保存，一看就有古意。

讓我建立感覺的，是洧齊的解說。講解「恆春厝」獨特之處與當時當地人生活的關係，受邀參加他每天例行的敬拜，讓我真正觸摸到這處百年老屋的「生命感」和「台灣感」。

古厝是一條龍五開間閩南式建築，正中公媽廳，供奉神明祖先，每天早晚兩次的敬拜，都在這裡。

早起敬拜，先是打掃、換熱茶，再拈香八支，點燃後走到院子裡。

先拜天公，老天爺，第一支香，插在門口的門戶神上，順便拜門神。

拜過天公之後，進入門內，再拜三官大帝三界公，將一支香插入掛在燈梁的香爐裡，敬祀天官地官水官（堯、舜、禹），這是農家生活最重要的三種元素。敬天畏地體現在建築上，燈梁即是。公媽廳有祭祀與客廳兩種功能，橫架燈梁作為人神之間的分界。梁外是人的區域，通往不同房間的門都在梁外；梁內是神靈和祖先的領域，入內要先行秉報。

然後進入祖先神明的領域敬拜。拈香三支，敬拜畫像上的家神，分別是觀世音（主神）、媽祖（副神）、土地公（財神）和灶神（善惡神），將香插在畫像前的香爐裡。再拜奉祀在旁邊的祖先牌位，將三枝香插進香爐，同時向祖先秉告當天的計畫。最後向神靈祖先拱手作揖，完成例行敬拜，這是一天的開始。傍晚還會有一個類似的過程，那是一天的結束。

這樣的敬拜，是當下與長輩、祖先、神明的連接，是現實生活、日常瑣屑與天地倫理的連接，洧齊說，等亮亮大一些就帶他一起，也是一種與過去、未來的連接。

隨同洧齊例行敬拜，讓我對台灣的多元包容感觸至深。

必須特別提示：洧齊夫婦是摩門教徒，洧齊二十歲受洗，曾在台北做過兩年傳教士。十誡第一條「除了我以外，你不可有別的神」，崇拜偶像至今在基督教信仰裡仍然是犯忌的。

但洧齊每天早晚敬拜，每餐飯前向上帝禱告，同樣自然而然，並行無忤。他本無拜拜習慣，改變源自編寫族譜，重新認識傳統信仰，瞭解「祭祀」與日常生活的關係，每一個定制儀式都有自己的含義與傳承，瞭解到這種代代相傳的儀式，與我們的生命息息相關。

這種敬拜儀式呈現在洧齊這樣的台灣年輕人身上，讓我尤其感慨。這一切源自中國，對我來說，這是一個「消失的中國」，卻在台灣被保留下來，代代相傳。不僅能夠看到「傳統的中國」，還能看到台灣特色。千百年傳統、與接受現代教育的台灣年輕人、與他的傳教士身分，居然也全無違和，這種多元、豐富，是有趣的台灣特色，是一種活著的歷史，甚至可以說，只有在台灣，才有可能生長出、保留住這樣的歷史。

面對羅屋書院或者宗聖公祠，既會讚嘆其精美、慶幸保留完整，也會有一絲疑惑，因為它「太中國」，看不到台灣元素。宗聖公祠獲政府保護，是用公款徵收修復的，不難想像，當時決定保護的評定標準，和後來修復時的細節參照，與福建標準並無二致。

如果不是「台灣的」，不如去看山西王家大院、平遙古城，更多更大更古老。再說，我不是古建築專家，不 care 那些，我只是好奇，對台灣好奇，想找「台灣的」。

不起眼的張家古厝讓人眼睛一亮。客家淵源、漳州建築、恆春特色、當地文化、台灣歷史、現代元素，還有明明不在其中又無處不在的原住民因素，在竹塹之內，如此奇妙融為一體。而且，這一處建築還是活的，它的生命體現在生活其中的百歲老人和初生嬰兒的日常生活中。

我原來讀的那些關於台灣歷史的書，都是死的、靜止的、支離破碎的，在這裡歷史一下貫通，活了起來，所有歷史留痕都是現實生活進行時，種種前塵往事都融合變遷於日常生活。這是台灣的，且僅屬於台灣，一行一動都在詮釋獨特的台灣文化性格。

修撰張氏族譜　為七千族人留根

洧齊不是在古厝長大的，他在高雄出生，他的父親那代人很小就出外謀生，遠離竹塹、遠離古城、遠離了土地。

當初築城設縣時，作為恆春望族沒有選擇進城，而是在城外自成一體。他們務農為業，要跟自己的土地在一起，做這樣的選擇很自然。

官家的恆春縣城和張家的竹塹，相距不過幾百公尺，是彼時兩種不同的生活方式。衡量最初的生活指標，竹塹裡的獨立王國有明顯優勢，但幾十年下來，竹塹中人變多了、房變舊了，生活還是老樣子，活在土裡刨食的農業時代。城裡商貿發達、經濟機會更多、教育資源集中，有人氣、有機會，城裡不長莊稼，但長出了完全不同的營利模式和發展空間，開始有了這樣的說法：「寧嫁城裡的窮人，不嫁種田的富人。」

進入民國，不論城裡城外，年輕人普遍出外謀生，地處偏遠的恆春尤其如此。洧齊的父親少小離家，憶及古城生活，總會說「修房子很辛苦」，風大雨大就會捲走房頂的草，而恆春的風風雨雨，又太多了些。

那代人離開土地去遠方，不只因為修房子很辛苦，根本原因還是錢。台灣經濟起飛後，在現代化大道上一路狂奔，機會都在城裡，這個「城裡」不是恆春古城那樣的小城鎮，全球經濟活力都向工業化大城市集中，人要去高雄、台北這樣的大城市，甚至到更大更遠的城市。

恆春張氏如今遍布全台，也包括美國日本歐洲澳洲。高雄長大的洧齊已經申請了楊百翰大學的獎學金，準備和妻子一起去美國，但古屋角落裡一疊塵封的冊頁改變了這個軌跡。

阿公在世時，曾與家族中六位長輩一起修撰張氏族譜，沒有完成就過世了，草稿默默躺在老屋抽屜裡，直到洧齊返鄉看到。那時候，他剛結束兩年傳教士生活，下一程要去美國，張洧齊不希望祖父的苦心埋沒，決心接續這份工作，要將家族歷史留給後代子孫。

張洧齊計畫用三年的時間完成祖譜，實際上用了四年。原本計畫完成這份工作，也就是為台灣七千族人留下根，就可以告慰阿公，安心去美國讀書。

拒絕賣房的張家人

但是，二〇一四年十二月三十日，那個風和日麗的早晨，土地開發公司上門查估，告訴他：這個家要拆遷。這個根，要被連根拔起了。

講到這裡，趙公元帥再次閃亮出場，還是錢。「一般年輕人都離家遠走往大城市湧，但恆春鎮在地就業比例在台灣高居榜首，為什麼？因為旅遊業發達，有錢賺。台灣房價，有兩個地方是上百萬一坪的，一個在台北市這不難理解，另外一個在哪裡妳知道嗎？」洧齊拋出答案：「就是恆春。」

古厝所在已經被開發商盯上，很多人都說這是大勢所趨，資本主義的力量是擋不住的。

恆春年輕人當地就業率高，因為家鄉機會多，比較好賺。但張洧齊住在這裡，卻是為了保住竹塹。沒得賺，還賠錢。

知道經濟力量勢不可擋，但還是有人不甘心，要螳臂擋車做點兒什麼。堂叔張富宇站出來堅決反對：「拆古厝？不可能！無根哪來千年樹，萬年草。」洧齊當天下午就向屏東縣政府文化處提報古厝登錄文化資產。

張氏子孫開始了比編纂族譜更艱辛漫長的奔走，洧齊說服妻子放棄去美國讀書的機會，「不想要功成名就回來，卻找不到自己的根。」他們留在家鄉，全心全意保衛家園。「台灣政府是比較好欺負的，只要是有明確法律依據的東西，他們不敢亂來。」洧齊慢慢積累出一套方法，避免正面衝突，向政府謀求司法救濟。

開發商都是遊戲法律的高手，法律本身有太多空隙可鑽，有錢就可以雇用各種各樣的法律人才，賺到更多錢。

但在這個世界上，並不是所有的東西都可以用錢來衡量。幾年下來，賠進了洧齊、雅琳小夫妻所有積蓄還四處借貸，「實在不甘心眼睜睜看著那麼多活著的歷史與文化在我面前被抹平，這不僅是我們張家歷史，也是台灣歷史的一部分呀。」

恆春竹塹的故事從三百四十年前講到今天跌宕起伏，讓我真正記住的是人，不管是不是住在這裡，那些不肯賣地賣房的人——四年的族譜編纂與兩年的搶救古厝經歷，張洧齊看到早已星散的家族力量正在凝聚，除了第十代張富宇發起的「北門張家古厝管理委員會」，還有第九代張勝華發起「台東縣張廖簡宗親會」、第十代張榮志發起「屏東縣張氏宗親會」，第九代張佐榮、張炳隆、張正林、第八代張鳳恩發起「台灣恆春張家歷史教育協會」，人人出錢出力，不求回報，引得恆春許多姓氏也開始尋根認祖。這也是恆春的歷史、台灣的歷史，是與古城同樣寶貴的台灣財富。

登錄歷史建築　為了保護建築？還是歷史？

二〇一六年七月二十日公告「恆春北門張家祖厝」登錄縣定歷史建築，老屋終於拿到免死金牌。但是，被評定為歷史建築受到保護的，只是五間建於清代的古厝正房，竹塹與其它附屬建築不在其列。

「幾個不同年代增建的東西本身就是台灣建築演進的歷史，是當時政治經濟人文因素匯集的結果，是不是古蹟呢？」張洧齊的問題環環相扣：「甚至，竹塹所代表的文化景觀是不是有保存的價值呢？換一個角度思考：抹平了所有歷史紋路，剩下的古厝還是古蹟嗎？不僅如此，幾百年來，在這片地方，竹塹之內已經形成恆春人獨特的生活方式，是不是值得保存？」

「竹塹本有三五層，後來只餘最後一層。日本時代桂竹之外，屋後還保留了祖先手植刺竹。這是不是歷史、是不是值得保存？」

我回答不了洧齊的問題，他也不是真的需要我回答，我和他都知道我的答案不重要。

「我自己也不知道能不能頂得住！」

二〇一七年二月一日，正月初五，就已經有頭戴安全帽的人在工地忙碌。不遠處停著大型機械，在這些鋼鐵怪物面前，不論是桂竹還是刺竹，全都不堪一擊。洧齊輕嘆一聲，每一句都像是在道別：「這段歷史，經歷了原住民襲擊不倒、日本時代強制拆除不倒，也許就會倒在這幾天，倒在我們一力抗爭的張氏子孫眼前。」

資本巨獸來襲　家園岌岌可危

聽洧齊講恆春故事，喚醒我太多似曾相識感受。因為歷史，更因為同理。

他的故事由歷史入題，我每晚都要上網惡補。原本我對歷史的瞭解是各自獨立的，不管是台灣開拓史、台灣本土歷史、日本與台灣的關係，都是從書中得來的一根根縱貫軸。因為洧齊的講述，歷史隨著張原吉的腳步橫向鋪陳，串起了原住民、移民、荷蘭、明鄭、清治、日治、民國、當下，在竹風搖曳的建築中活了起來。

洧齊帶我到龜山遠眺不同族群聚落，引我看祖先最早登陸的港口，第一代人放牧的虎頭山，以及之後河洛人、客家人與原住民的勢力劃分範圍：「這不僅是我們張家的歷史，也是台灣歷史的一部分。」是的是的，這就是台灣的歷史，對我來說，這才是台灣的歷史。

對台灣歷史建立感覺需要一個過程，但聽到他的個人經歷，立即就喚醒了我的認同感。因為他的感受，跟我太相像了。

「我永遠都記得那個日子，十二月三十日，西元的十二月三十日。」這種句式讓我無比熟悉。如果換我，時間會換成十月十日，親愛讀者你已經知道了，那是我被抓的日子。不速之客從天而降：「早上，突然有十來個人進到我的家裡，不是從路上來的，而從田裡爬上來。一群人湧進我家東看西看，我問他們幹什麼，他們說，是在查估。」

聽他的表述，不難想像這一隊人旁若無人的樣子。

洧齊很好奇：「什麼叫查估？」——當我被一群警察團團圍住，也曾經同樣好奇：「你們為什麼抓我？」當然，除了好奇，還有恐懼，我想洧齊應該也一樣。

「房子在土地重劃的範圍內，要拆，我們來查估，看看你的房子和土地值多少錢。」就像我一樣，洧齊也懵掉，但依然堅持：「我們家的房，為什麼要拆遷，我不要！」

對方對他的堅持不以為意，告訴他不要也不行，因為程序已經都走完了。洧齊仍然堅持不行：「我們沒有同意呀，不是還有法律嗎？」

「我們不需要你的同意。已經依法走完程序，重劃之後，還會依法把錢付給你們。」

洧齊更加糊塗也更加堅持：「我不要錢，就是不要拆遷。」

對方更不以為意：「完成開發後，錢會撥給法院。你不要就算了，十年之後充公。」

好玩不好玩？一個中國一個台灣，相隔幾千幾萬里，一個是「顛覆國家」通天大案，事關港獨台獨民運顛覆，一不留神就是時代退步大歷史；一個是「台灣式抗拆」，邊陲之邊重劃區邊緣一百三十一坪拆與不拆的小事情，但台詞和邏輯怎麼這麼像？

不同的時空情境，相似的對話邏輯，一個是國家強力，一個是資本強力。雖未親歷，資本的嘴臉，不難想像。

我和洧齊，都是猝不及防被命運推到了一個龐大怪物的面前。它們的力量大得不可想像，人太渺小了。

這種巨大的相像讓我很震驚，當然被雷到的不只我一個，洧齊也是。「當時我非常震驚，台灣民主國家、法治社會，至少應該是講理的吧，居然有這種事情！我的財產他們說開發就開發，他們還都是合法的。這是台灣吔，也太誇張了吧！」

他們的對話，就像一齣戲裡的台詞：

開發商：「我們有開公聽會，還寄了通知書給你們。」

張洧齊：「我沒有收到。」

「張貴春是誰？」

「我的曾祖父。」

「我們把通知書寄給他，你們有簽收。我們已經盡到告知的義務。」

給這段台詞加上備註，更富戲劇性：這所房子法律上的所有權人張貴春是張洧齊的曾祖父，過世多年。簽收人是隔壁叔叔，不知事關重大就沒跟其他人說。叔叔沒有讀過多少書，對土地法規一無所知，當然，就算讀了再多書也一樣無濟於事。

洧齊向屏東縣政府提報文化資產，申請將這段與恆春古城同齡的歷史認定為古蹟。

現在先把開發商和古蹟認定都放在一邊，說說法律。張洧齊找了十位以上律師請教法律問題，「但是，一個個律師都說不懂，叫我去問專攻土地重劃的律師，因為《土地法》加《都市計畫法》還有很多抽屜法案、行政命令與解釋令，加起來比一本字典還要厚，一般律師看不懂。」、「我們的政府怎麼啦，要把法律搞這麼複雜？後來花了很多時間鑽研，到底什麼叫《土地法》，終於搞懂，把自己變成了與重劃有關的法律專家。」

張洧齊終於懂了，但說了半天也沒能幫我搞懂，土地重劃條例、區域計畫法、都市計畫法、農地建地商業用地，一大堆名詞傻傻分不清楚。算了，我只是一個講故事的人，乾脆跳過那堆法律名詞，把故事講清楚就好。

一個人的七十二變

土地重劃，在有了這樣那樣一大堆法之後，還需要有人執行，有兩種執行方式。一種是公辦重劃，政府做；還有一種是民間執行，地主組一個重劃會自己做。對於民間重劃，國家有獎勵，會給一筆錢。

「這事很快被扭曲，一是因為法律太複雜，一般人根本不懂。二是重劃需要非常多的資金跟時間，於是台灣就興起一個特殊行業，專用自辦重劃名義行事的土地開發公司。

背後都有大資金，有的直接就是大建商，一家公司兩個部門，建築與重劃通吃。」

張洧齊再三提到「重劃法律立意是良善的」。農耕時代，代代相傳的土地形狀奇怪，也沒有公共設施，通過土地重劃修橋開路、排水供電、公共設施、瓦斯、公園，每個人配回來的土地都方方正正，開發公司常說的一句話就是：這樣你們的土地就比較好賣。

「但是他們沒有想過，土地不是為了賣的。這是祖先世世代代傳下來留給我的，我還要留給自己的子孫，世世代代傳下去。」

開發商不管這些。這一大堆法律有空子可鑽，只要有兩項「過半」同意就合法：擁有土地面積過半，地主人數過半。

一般開發商的作法是：先出錢買下一塊最大的地，然後分割再分割，這叫「灌人頭」，只要人數超過其他地主的數量，就能合法代表其他人。

「我去屏東縣政府查過資料，公聽會照片裡的人我都不認識，而且到場人數不到十個，但這塊地的地主，有七十八個。我查對了簽名，幾乎所有人都是委託的。我們的法律把地主的權利都交給重劃會，重劃會的決策權在理事會，而這個理事會的頭兒就是土地開發公司的總經理鄭永霖，他們通過這樣一層層交叉持股，完全左右了這件事。」

政府對民間自辦重劃負有監管責任，因此，他向屏東縣政府提出申訴。

「台灣政府比較好欺負。」張洧齊這麼說過，我也這麼認為，但是，政府不會那麼容易被你欺負到。「只要一接手又不處理，就是瀆職。所以政府會想盡辦法推出去，把責任推給重劃會，重劃會不用考慮選票——政府推給重劃會，重劃會依法重劃，不理我們。我們就落在了一個鬼打牆裡。」

開發商的工程一直在推進，張洧齊不停投訴：空氣汙染、噪音超標，但都只能拖一時，無法拖一世。「還有一種可能性：要求對開發商進行假處分。理由是：儘管合法，但你造成了我的權利受損，我要求你停止。但我還要說出我受損多少錢，假設兩千萬。我必須拿出這些錢給法院才能立案。但就算立案了，只要對方也能拿出這筆錢押在法院，就可以繼續施工。然後我們開始打官司，開發商輸了，錢就歸我，如果贏了還拿回去。但是不管錢怎麼樣，竹塹還是沒了。」——又是一個鬼打牆。

就連這樣，洧齊也做不到：「我沒有那麼多錢。兩千萬，對開發商不是問題，對我是天文數字。」要想保住這道竹塹、保住這段歷史，怎麼就這麼難呢？

洧齊講他為張家古厝提報古蹟的過程，是一部長達一年的連續劇。為了突破這一道又一道鬼打牆，張洧齊開始了自己的七十二變。

這是台灣吔，也太誇張了吧！

「在我提報古蹟之後，一開始政府的反應特別快，三天就有人過來看。對我說，這個非常有保存價值，要在過年之前召開文化資產審議委員會評定，盡快通過。」

洧齊高高興興地等，等啊等啊，等到年過完，再打電話。得到的回覆是：「對不起，我們案子太多排不過來，要等到五月。」

洧齊心急如焚等啊等，等到五月過完，再打電話，這回不是忙，而是不能辦：「因為你們沒有取得全部土地所有權人同意書。」

「我查過法律，只說要尊重土地所有權人的意願。當初在我申請的時候，你們一開始說不需要。後來文化資產保存所主任王文章說需要一半，怎麼現在又變成了全部？」

拿到全部土地所有權人同意書是一個不可能的任務。這塊土地屬於他已經過世的曾祖父，依法具有所有權的人共有三十六位。

張洧齊忍無可忍，投書媒體，文章在《自由時報》發表後，立即排入審議。

問題又來了：並不是所有老房子都可以成為古蹟，要做歷史調查。

於是張洧齊再次變身，從土地重劃法專家變身恆春歷史和古建築專家，此後各種變身遊戲一直繼續。

歷史調查報告交上去，問題又變了：「報告不錯，但自己寫不行，要找專家寫。」

張洧齊找了專家來寫。問題換成：「報告非常好，還需要一個利用計畫，一旦被認定為古蹟，你們將怎麼保護，怎麼利用？」

於是再次變身。「他們說的似乎都有理，但是，你是人民的政府，遇到事情，應該幫助我們。現在是不停給我出問題，我解決一個，就開一個新的給我……」

「這是台灣吔，也太誇張了吧！」這回嘆息的不是洧齊，而是我。

不管張洧齊怎麼七十二變，最終還是需要他拿到至少過半數的同意書。

洧齊拚命跑，全台灣找人。幸虧剛剛修完族譜，換了別人，單是找到人這種事，就絕無可能。終於拿到了十九人的同意書，過半數。

本來以為，認定古蹟的標準應該是古蹟價值。現在還需要一半以上的人同意，拿到過半數同意還不算完成，因為三十六個地主中有一個人反對認定為古蹟。雖然他在這一千坪中的持分只有一點八坪，但是政府又說了，有人反對，你們就不能過……

「依法辦事」的公務機構

洧齊據理力爭，政府「依法辦事」，中間經歷了無數的問題，張洧齊寫電子郵件不回，打電話找人幾乎都找不到，好不容易接了電話，回答是「我已經轉組了，轉到了無形資產組，這事已經不歸我管了。」

「請問有人承接嗎？」——有。

「請問是哪位。我要找她。」——她不在，出去研習。

「請問多久回來？」——要一個多月。

「那請問有沒有代辦的人？」——有。

接電話的人讓他留下電話號碼，說會打回來，但是沒有。

故事這麼講的話要講一年，按法律規定，從提出申請到確認結果，作業時間不超過三個月，但張洧齊用了一年多，為了節約篇幅，太多細節必須跳過。

法條中有許多模糊地帶是有彈性的，但這種彈性總是做在對開發商有利的方式解釋。二〇一六年七月，大法官釋憲，自辦市地重劃法違憲。本已絕望的張洧齊以為看到了轉機，「但是縣政府又說了，內政部給了一年時間修法，因為牽動利益甚大，影響了很多地主，我們必須按舊的走。」

張洧齊從頭到尾給我講故事，擺事實講過程，不時翻出當時的東西給我讀一段，故事這麼繞來繞去累不累呀？我實在受不了啦——「怎麼讓人愈聽愈糊塗，覺得有關部門和開發商之間，似乎有某種默契？」

洧齊笑了：「哈哈！妳真聰明，怎麼妳也感覺到了？」

嗚嗚嗚，我的老天鵝啊！我有很聰明嗎？

跟洧齊的交流中，無時無刻不在體會那份台灣式的溫文爾雅與曲折迂迴。我曾經把上面那段與洧齊的交流，寫在自己的文稿裡，將文稿發給洧齊請他配圖時，對我那一段做了改動，抹去了交流過程與語氣，只留我的觀點。問他為什麼？「不想跟屏東縣政府撕破臉，因為我還要跟他們打交道。」

我接受這種理由，他是站在第一線的行動者，所有行動後果與代價的主要承擔者。一開始洧齊就說：「台灣的政府是比較好欺負的，只要是有明確法律依據的東西，他們不敢亂來。」洧齊一直把謀求司法救濟作為自己的主要策略，盡力維護與政府的關係。但此時我將這一段又寫出來，已經不會影響到他的行動策略。

我知道，當今的瑯嶠皇帝不姓張也不姓黨（不管國民黨還是民進黨），姓錢。錢，是最根本的力量。其實又何止於恆春，台灣何處莫不如此。而地產經濟，又因其與官府、政治運作的種種勾連，更加特別、更有吞噬力。如洧齊所說：「在台灣，沒有拆不掉的房子，只有不夠大的利益，不管你是歷史建築還是古蹟，什麼都不是。」

台灣與中國，區別在哪裡？

我要瞭解台灣的民主，是衣食住行細節裡的民主。談到民主，我評判的標準不是有沒有投票選舉（不管選的是總統還是議員、市長、民意代表），也不是組黨自由、通過選舉進行顛覆與被顛覆。我要在「權皇帝」和「錢皇帝」治下，在衣食住行的細節中，分辨有無民主自由的不同。

我還會以我本能的中國本位，時時刻刻做兩岸對比。

「開發商給地主的賠償很誇張。土地強制徵收給地主的價格是公告現值乘一點四倍。這個公告現值是很低的，但他們開發之後可以賣高價。當然，這一切都有法律依據。」淯齊在說最後幾個字的時候特別加了重音。「一位叔叔覺得自己的農地能夠一兩萬一坪賣出去很高興，但很快發現這筆錢根本買不起這裡的房子。」

土地開發利益巨大，到處都一樣，原本以為台灣土地私有制可以保障地主權益，但那個「面積過半、人數過半」條款的操作空間巨大。不看不知道，法律真奇妙，一旦開發依法啟動，不管地主是否願意，都必須為此付錢。因為民間自辦重劃，公共設施花費由地主共同負擔，施工都是由開發公司說了算，甚至根本就是自家的公司高價承攬，每個地主都必須交一大筆錢，沒有錢怎麼辦？也簡單，把土地折價賠給開發公司：「開發商獲利至少三層：第一是政府的自辦重劃獎勵金，第二是公共設施施工費用，第三是開發後差價。」

重利之下，開發商志在必得：「你拖不過我們的，我們在台中的項目動輒一兩百公頃，這一片地總共只有一點六公頃，我們有的是錢不怕你拖……」此語話外之音，不單是錢。

「這是台灣吔，也太誇張了吧。」淯齊這句話一再出現，也被我一再借用。他重新認識自己的政府，我重新認識台灣的民主。

保留百年竹塹　追求多贏

張洧齊七十二變上天入地把所有能做都做了，幾乎找遍了屏東縣政府機關，就開發程序瑕疵找重劃科，就古厝古蹟認定找文資所，就竹塹範圍裡的野生動物申請野生動物重要棲息地環境，以護樹名義找農業處。總之，想盡辦法就是想保住竹塹：「我請到了著名的人權律師詹順貴，他現在是台灣環保署副署長（後來二〇一八年十月請辭獲准）。但他也說，處理過那麼多重劃案，十年輸九件九，一旦他們『依法』啟動了，你就擋不住。除非你以戰逼和。如果你能拚得上一直盯著這件事情，跟他拖，拖到開發商覺得利益受損划不來，也有可能妥協。」

以戰逼和，好唬人的一個詞。其實，也沒有多麼大的事。

張洧齊無意阻止整個開發案，想保留下來的，不過是被劃入了重劃區的一片竹塹，占地一百三十一坪，在這個一點六公頃的開發區最外緣。放過竹塹，整個開發案根本不受影響。

留下這處古蹟，就有了一處一百多年的私家花園，重劃案也能因之獲益，地價可以升值，兩全其美，是共贏。

這是全台碩果僅存的百年竹塹，不僅是歷史文物，也會帶來旅遊和經濟效益，對當地政府和公眾來說，當然只有好處沒壞處，可以多贏。

竹塹是寶貴的台灣歷史遺存，留下它，讓這種獨特的恆春生活方式得以延續，成為恆春旅遊中一個特別的部分。就像洧齊，一個每天用最傳統的儀式敬拜祖先神明的傳教士所做的一樣，是一種有溫度、有質感的台灣歷史。都說台灣最美的風景是人，由這樣真實美好的台灣人生活其中共同形塑的歷史，才最珍貴。

當我在反覆做這樣的「算計」的時候，親愛的讀者你應該明白，我又躍躍欲試要做點什麼了。於情於理於法，都讓我覺得，保住竹塹，應該不是難事。至少，不是沒有可能。

而且，「這是台灣吔。」我相信在台灣會有不同。

我能做點什麼？

書寫歷史的，是人。人會死，歷史會留下。看到太多人為的悲劇，人還活著，歷史卻沒有了。這種事情在中國比比皆是，台灣也是，但我希望恆春竹塹能逃過這個劫數。

愛用「恆春竹塹」這種表述。提到恆春，很自然會想到恆春古城，竹塹與古城，都是寶貴的台灣歷史，相去不遠，但對照明顯。

恆春古城是地標是珍寶，如果我膽敢毀壞古城，一定是吃不完兜著走。

恆春竹塹同樣承載著歷史，同樣珍貴，但這個歷史卻正被毀掉。刺竹很扎人，刺痛了我。竹塹的故事也一樣。不僅讓我從這一叢綠竹觸摸到了台灣的歷史，也讓我回問自己：我跟當下、跟此時此地的社會運動，有沒有聯繫？

「我能做點什麼？」洧齊一笑，把手中的亮亮交給我，走去廚房燒水。我知道，他沒說出來的話是「做什麼都沒有用」。

我要為竹塹做些什麼，已經聯繫台北的朋友，請他們把我的電腦帶過來。十幾年了，筆記型電腦一直長在我的背包裡，幾乎就是身體的一部分，上路時決定卸載電腦，兩耳不聞窗外事，一心只走腳下路。本來網路媒體「風傳媒」的朋友勸我寫專欄沒敢應承，說得出口的理由，是擔心徒步環台背不了電腦，說不出口的真實原因，是不知道該寫什麼。在中國，寫作永遠是我行動的工具，我知道自己是誰，清楚寫作與行動之間的關係，在台灣不然。

感謝竹塹！儘管行囊不斷加重，必須承認，我需要這個負荷。與我的電腦小別重逢，完成的第一篇文章就寫竹塹的歷史。自此，每周一期的文稿，從沒有開過天窗，竹塹把我變成一個盡職的專欄作者，我也需要這種轉變。

觸摸、參與台灣的歷史

我的寫作與行動從來都是一體的。參與恆春竹塹保護，讓我在異鄉找到參與的機會。先人創造的歷史保留傳承至今，經由我們當下作為，得以保存延續，或者就此斷送。歷史，就這樣活在我們的生命裡，活在我們的生活中。恆春竹塹被捲入了一場台灣式拆遷或者說台灣式抗拆，也是正在進行的歷史。我被捲入了這個抗拆進行式，或者說，是我主動介入了這段歷史。

洧齊講故事的時候，我會亂入一些問題，得到的回答一般是搖頭。必須備註說明：洧齊不是閉目塞聽的人，他關注時政、瞭解中國，甚至知道錢雲會。中國浙江農民錢雲會，死於非命的中國抗拆釘子戶。錢是高票當選的民選村長，帶領村民抗拆，二〇一〇年十二月二十五日被車輾死，有關部門認定是「交通事故」，親屬和多位目擊證人是「偽證」。

我不會白目到問人是不是知道「大埔事件」，我問的是「你知道公民記者大暴龍嗎？」洧齊搖頭，我繼續介紹，大暴龍關注土地問題、拍紀錄片，「知道那個極富衝擊力的影像是怎麼傳播出來的嗎？」洧齊的回答是一個問題，問我能不能介紹大暴龍給他認識。

其實，在他問這個問題之前，我已經就保護竹塹的議題聯絡大暴龍，但他回覆來不了，也做不了什麼。大暴龍近年專注推動「公民進鄉團」，多在新竹周邊山地原住民部落活動，而且他一直強調，「做我能力範圍內可以做的事」，不會那麼遠跑來恆春，但他要我轉告洧齊，網路自由渠道開放，人人都可以是公民記者，最重要的是在地力量。大埔危急時刻，是在地自救會把拍到的東西發給大暴龍，然後他接力編輯製作，透過公共電視 PeoPo 公民新聞網傳播，才會在此後引爆社會關注，成為熱點。

我期待也能這樣保護竹塹。大暴龍不能來當然遺憾，但沒關係，再拉別人，物以類聚，我的朋友都差不多，大都關注社會議題、環境、公平正義。

其實，退一步說，就算沒有朋友助力也沒關係，還有我們自己呀。台灣有網路自由，公共媒體渠道開放，每個人都可以是大暴龍，每個人都做自己能力範圍內可以做的事，就能創造改變。

在社運組織加入、社會關注之前，大埔的自救會起到了根本作用，我詢問洧齊社區動員的狀況，與在地年輕人有無連結？「如果是古城講解和恆春民謠，還可以找到少少一些人。」問他保護竹塹有沒有自救會？有沒有可能拉大家一起做？他再三搖頭，說大家平時各忙自己的生計，共同關注的社群多與育兒有關，提到保護竹塹，「只有我自己在做啦。」

分道合擊　訴諸公論

洧齊讓我覺得「生活在平行世界」，我看到的台灣，跟他的台灣，居然如此不同。

洧齊剛剛完成了張氏族譜的編撰，七千張氏子孫遍布台灣各地各行各業，就算不像我一樣專注社會運動，至少也有所涉及，怎麼「我的台灣」和「他的台灣」彷彿兩個世界。

聽他講竹塹的故事，我會提到一些社運案例、提到社運組織的思路，洧齊會說我也做過類似的事，但他用的方法完全不同，看上去說的是一個事情，其實是兩個幾乎完全不同的台灣。那些風雲激盪改天換地是真的，這裡的天遙地遠死水無瀾也是真的。

我的感覺是「機會來了」。

當然，我並沒有天真到以為恆春竹塹可以一夕變身大埔。其實，就算是真正的大埔又怎樣？即使不提為此事件付出的朱馮敏、張森文兩條人命，隨便google一下，看到一連串「抗告駁回」、「上訴駁回」，大埔，還是拆了。（後來二〇一八年六月十一日，苗栗縣政府核發建照，允許遭強拆的「張藥房」原地重建。）

恆春竹塹能不能保住？尚不可知，但我會為保護竹塹盡一份力，而且還要盡力把人拉進來，拉上大家一起做，還期待能夠溢出同溫層，不僅拉進我的朋友，更想拉進原本不瞭解社會運動、不參與抗爭議題的人。

洧齊跟我不同，同樣想打文化牌，他尋求行政救濟，我謀求社會參與。洧齊按照商業邏輯，花錢請專業公司；我訴諸公論，推動社運同道參與，正好可以互補——我們還有機會。

當大咖遇到怪咖

離開恆春，下一站走去阿朗壹古道。這次不再是我一人獨行，而是大隊人馬，二十幾人浩浩蕩蕩，一副組團旅遊的架式。

之所以會有這個「旅遊團」，跟「揪團愛好者」藍美雅有關，她是我二〇一七年一月二十二日來到高雄認識的新朋友，我們一見如故，發現同好多多，比如都愛作媒婆、愛交朋友，並且熱愛介紹朋友認識朋友。我去恆春住在洧齊家就是她介紹的，還介紹我認識一大票南部朋友。

美雅的正職是大學老師，但有一大堆不務正業的社會身分，文資保護、廢核行腳，無役不與，專注南台灣社區營造，說起社區如數家珍，還開了一家書店兼咖啡館。我們一起上山下海，她揪的第一個團，就是這個阿朗壹古道徒步團。

這次在排灣族青年帶領下走阿朗壹，很多台灣朋友都是頭一回。美雅的行程安排別出心裁，兩天一夜豐富有趣，提前一天去「彩虹農場」援農並借宿，古道行程之後再去拜會林明德先生。不論是我們的部落導遊柯穰懷與原住民青年返鄉創辦「東源社區營造協會」，還是「彩虹農場」與背後推手南部環保標誌性人物洪輝祥，還是林明德與他的原住民獨立書店「蕃藝書屋」，每一位英雄好漢的名頭後面，都有一個長長的故事。

美雅揪團，陪跑路來台灣的中國人同走一段路，也是一次難得的舊友重逢。來的人都是她的老朋友，大家彼此間也有交集，但平時各忙各的。對我來說，所有人都是新朋友，一見面我就有點暈——全是大咖！

建商謝銘仁（謝天地）是高雄「塩旅」老闆，也是高雄文化地標「三餘書店」發起人，關注環保健康，每到雙週週末，旅社門口的鹽市集聚南台灣好物好食好藝於一堂，誰都知道這不僅僅是一個市集，更是在地力量的串連與匯集；北藝大郭孟寬和高雄劉秋兒兩位藝術家，是推動劇場活動的老搭檔，秋兒還是有名的「豆皮文藝咖啡館」的創辦人，現在雖已結束營業，但卻曾是南部環保社會運動匯聚的基地，他們兩位還是「行走的學校」的發起人，單聽名稱就跟我很對路；此行最年輕的是來自美濃的公民寫手林吉洋，任職美濃鍾理和文教基金會，另外一位同樣來自美濃的張高傑是他的前輩，大名鼎鼎推動反水庫運動的「美濃愛鄉協進會」首位工作人員。這一回我來不及感慨南台灣群星燦爛，必須實話實說：在我眼裡，這些大咖全都是工具。

因為我滿腦子都是竹塹的事，任何人都會讓我聯想到竹塹。比起大咖們曾經做過的事，保護竹塹根本就是小菜一碟。

「交朋友就是要有用處」，是我一直以來的交友原則，希望朋友對我有用處，自己也苦練內功，希望能對朋友有用處。在中國如此，到了台灣也一樣。

我的這種「實用主義交友觀」，跟自己不惑之年的人生變故有關。走過一次生死考驗之後辭職做公益，遠離家鄉去北京，人生地不熟要什麼沒什麼，必須學會跟人合作、請人助力。想到什麼，立即就說出來，我是誰、想做什麼，誠實坦白；想請你做什麼、我可以如何配合，簡單直接。這樣不行沒關係，那樣行不行？這人不行沒關係，再找別人……

曾經也是個怕拒絕、薄面皮、有點小矜持的人，但是，人生那麼短，夢想那麼多，要想清楚自己到底是誰、想要什麼，簡單直接說出來，全力以赴去嘗試，摔跤碰壁跌跟頭？沒關係，長知識交朋友就值了。說到這樣活法，我自創了一個詞：「不端裝」——不端、不裝。

曾讓審問我的人大惑不解：「就憑妳，一個只有高中文化程度的小城下崗女工，是怎麼跟這些著名人物、跟這些大事件連在一起的？……妳怎麼就做了這麼多不搭界的事呢？」原因太簡單了。恰恰因為我什麼都沒有，端無可端裝無可裝，活得簡單，付出最多，收穫也最多。這一生差不多做了幾輩子的事，每一件都匪夷所思，如果事事瞻前顧後，可能什麼也做不了。想想真的要感謝這種活法。

不端不裝成了習慣，拚命做事七七八八一大堆，做什麼事都全力以赴，無所不用其極，自然把自己用到很慘，當然不幸成為我的朋友也都一樣。此時此刻我滿腦子都是竹塹竹塹竹塹，看到任何人，條件反射想到的，是可以在保護竹塹的活動中派上什麼用場。

估計這些大咖看我，也覺得怪怪，是個怪咖。

瞻前不顧後　放手一搏

一個中國人，開口閉口全都是台灣歷史恆春文化，不管什麼話題都會引到竹塹上。

恆春有這麼這麼一叢竹塹，遇到了那麼那麼一些問題，洧齊已經取得了這樣那樣的進展，還需要這樣那樣的幫助。不管大路小路好走不好走，跟誰都說起來沒完。

這個怪咖說了，保護竹塹這樣的事情，如果由這些大咖們來做，分分鐘搞定。但是大咖各有各忙，都有自己的方向、有更重要的事。那沒有關係，保護竹塹事情多多，不求全力投入，能夠出手相助就好了。分不出精力參與也沒關係，指點洧齊幫他出出主意也好呀……。

真受不了這種人，有完沒完呀！

說來說去，說去說來，後來發現，其實也不是可不可接手、是不是參與、能不能出主意的問題，而是，關於竹塹、關於保護竹塹這事，我看到的，跟他們看到的，好大不同——我看到的是可能性，他們看到的是問題。

他們會告訴我，事情沒那麼簡單。

我拿出自己看到的台灣文化保護案例來比照，包括屏東在地案例，甚至是他們自己參與的事情，說明事關竹塹，多方共利的可能性，說明集合眾人之力放手一搏保住竹塹的可能。接下來，我就會結合他們的經歷和專長，提出具體要求，請求他們在保護竹塹的事情上出手相助。

他們會說竹塹的開發利用牽扯到經濟利益，事情沒那麼單純：「妳知不知道這個案子後面的開發商是什麼背景？」、「妳是不是瞭解屏東縣長潘孟安？他雖然是屏東人，但沒有在地耕耘，這裡對他來說就是票倉。妳覺得抗拆釘子戶數票多？還是主張開發的票多？地產商有錢？還是張淯齊有錢？」、「妳想過沒有？屏東縣文化局局長吳錦發是老社運……」

說實話，我真的不知道，也沒有想過這些。我看到的，是竹塹的文化意義、歷史價值，保留下來的可能性與可行性。

不同的人、不同的角度，看到的都是事實，都是真實的。

我知道他們說的都有道理、都是事實。還知道，以此推論只有一個結果：NO。

不管什麼事情，相關因素都多了去啦，面面俱到把這些都想過一遍，兩輩子怕也不夠用。人生那麼短、夢想那麼多，所以我只瞻前、不顧後，用我們那裡的話來說，管前不顧後叫「管頭不顧腚」。「腚」，換成書面語正式表達，是「屁股」。說來這話不雅，但話粗理不糙，人要知道自己是誰，要知道最重要的是什麼。

這種行為方式固化到我的人生裡，必須感謝兩件事：四十多歲的時候汶川大地震，五十歲的時候被抓。

怪咖是怎麼煉成的

當年五一二汶川大地震，只問自己兩個問題：該不該去？想不想去？然後就去。至於有沒有錢、有沒有人、地方政府打壓如何應對、餘震滑坡泥石流……全都不想。該來的，早晚會來，遇到什麼，面對就是了。

當然更不想去了做什麼。殘障人救助和社會觀察我已經做了一輩子，去哪裡都一樣。

在四川的時候，住在極重災區青川縣鄉下，我住的村莊是死傷最嚴重的村子，我們的服務對象是受影響最重、最長久的群體——因震受傷的農村孩子，那些從廢墟裡挖出來受傷致殘的孩子。汶川地震是天災，更是人禍，校舍倒塌，導致大批學童死難，掩蓋責任成了災區頭號敏感問題，有關部門各級警方高度戒備。我們成了災區僅有的專為這個高敏感群體服務的機構，我最常接觸的，是各種警察。那段日子很苦很累，做事情很難。

我們在村子裡住了四年，住在農家廢棄的庫房裡，山區冬天寒冷，會結冰；夏季悶熱，持續高溫，睡下之後聽到蚊子在耳邊飛，感覺老鼠在身邊跑，身上的棉被，一直濕答答的。住處的牆上有粗粗細細的震裂紋。川北是地震好發區，常有餘震。儘管如此，心裡很踏實，知道什麼重要什麼不重要，知道自己做了對的選擇。

那是我人生之中最累的幾年，也是睡眠質量最高的時間。白天的事情多到做不完，不知不覺忙過午夜十二點，上床之後還有一堆東西要寫，躺平之後把電腦放在胸前打字是我的絕活，直到一歪頭睡死過去。第二天醒來又是一條好漢。

一直喜歡倉央嘉措的詩，「漸悟也好/頓悟也罷/世間事除了生死/哪一件不是閒事」。除卻生死，都是閒事。就在你的身邊，死去的，有那麼多的冤魂，活下來的，要面對那麼重的苦難，相較於此，一切名利算計現實考量都是浮雲。如果你走進了苦難最深的地方，跟最重的傷痛站在一起，就會知道，那些雞零狗碎真的不重要。

那是我生命之中非常重要的一段修煉，看到了生命的脆弱，也看到生命的價值與意義，知道什麼重要什麼不重要，知道自己該做什麼。

不用恨與恐懼自我捆綁

本以為，經過那麼多生生死死的修煉，已經想清楚、活明白了。沒有想到還會有更進一重的修煉等著我。

二〇一四年十月十日我被抓，是我想像不到的極端待遇。不見天日的牢籠裡，被八個看守輪班包夾，被一堆警察車輪大審。連睡姿都被嚴格要求，強光照射之下，被子不許過頸，當然就更不許蒙頭，雙手必須露在被子外面，要讓身邊的看守看到，這樣的夜晚，注定是無眠之夜。

受到了無數次死亡威脅，但我知道自己面臨的危險遠大於死。當我在死亡威脅下回顧自己的人生，覺得在四川與生死為伴的日子，是人生中最豐滿的段落，在生命裡閃著某種光，離理想信念近，離現實瑣屑遠。

我被抓的時候，香港上萬人占領中環，類似六四之前的天安門廣場。所有的審訊逼供指向明確，要網織一個港獨台獨海外民運的大網，若導致血腥清場和對民間力量的清剿，都會是我生命中不可承受之重。那個時候真正體會到，相較於此，相較於「時代退步」，我的生死，根本是閒事，我自己的個人得失、名節意氣也一樣。

可怕的審訊指向，讓我知道時代退步更嚴重，所以我必須承受凌虐屈辱活下來，這個生命是有用處的，不管面對的人和他們背後的人是誰，我要盡己所能，用親身接觸的事實和用事實形成的邏輯，說服他們、影響他們。

一直奔跑著生活，被抓被審，逼我停下來。

那段日子很特別，白天別人審我，晚上自己審自己。那段日子過得不容易，但那段日子有收益。我通過了那個漫長的考驗。不管是面對充滿敵意的強權，還是面對有道德潔癖的自己。

讀者驚異於我出獄後寫成的書沒有仇恨，其實被關在裡面，我已經沒有恨。不管羞辱我的看守還是審訊者，都把他們當人對待，不恨他們，也是我的反抗——我已經被層層關押失去了所有的自由，如果再用仇恨自我捆綁，豈不成了囚禁自己的共謀？

至於是不是「第一個站出來發聲」也一樣。仇恨不能成為囚禁我的牢籠，恐懼也一樣。不必以怎樣的姿態、占據某種價值意義的高度。只是本著我對生活的期待，做該做的事。

去震區，和被抓，兩重生死考驗。面對餘生，很慶幸有這樣兩碗酒墊底。

竹塹干你屁事

那一路大家玩得很開心，一起吃吃喝喝划船走路泡溫泉，還有一個意外收穫：在我管頭不顧腚的竹塹轟炸之下，揪團天使美雅又揪了一個恆春竹塹團，時間訂在不久後的三月十二日，植樹節。大家一起再聚恆春，春遊兼植竹。

結束阿朗壹行程，我繼續向北，沿東海岸去台東，一路走一路寫關於竹塹的文章。二月十二日文章刊出的時候，走在台東往都蘭途中。

愛極了腳下的路，太平洋在我右邊，山在我的左邊，海天一色，海際線天際線山際線草際線混為一談，傻傻分不清楚。看不盡的山景海景，我運氣真好。

一邊走一邊慶幸傻人有傻福，誤打誤撞，撞到碩果僅存的竹塹，我運氣真好。

那天走走停停，在海天一色中停下來發騷擾訊息，將我寫恆春竹塹的專欄文章轉給朋友，拜託幫忙。每一次轉發都大作白日夢，夢想引發某種連鎖反應，網路時代螞蟻也會變大象，竹塹變大埔……

一路風景大好，山景海景盡在眼前，向前看海天一色，向後看還是海天一色，總是這麼海天一色煩不煩啊？不煩不煩我樂在其中，總是給朋友發騷擾訊息，再請人轉發關注煩不煩啊？我不煩，但怕別人煩……

就這樣走走停停，一路發各種訊息騷擾各種朋友，終於有人看不下去了，罵我多管閒事：「好好走你的路。竹塹干你屁事！」

我回：「同樣承載著歷史，竹塹在我看來還是更加可貴的民間歷史，搞不懂台灣人為什麼這樣對待自己的歷史。」

朋友更加憤怒：「台灣歷史干你屁事！老老實實走妳的路，別做這些沒有用的。」（說這話的朋友是台灣人，有二十幾年社運經歷。）

不做肯定沒用，至於做了有沒有用，我怎麼知道？如果不做，怎麼知道有沒有用？推動社會公平最活躍的力量來自社會力量、來自公共參與。社會力量的作用又取決於積極公民與社會組織，取決於積極公民的數量與活躍程度、社會組織的開放性，歸根結底在人。

不論在中國在台灣，積極公民總是少數人。素來自認積極公民，積極公民的數量和活躍程度決定了公共生活的品質，把社會關注付諸行動是積極公民養成的簡便作法。路是人走出來的，做就是了。

是你是你就是你

有三個簡單的英語短句：「How are you?」、「How are you too?」、「How old are you?」在中國語境之下被重新解讀，變成了一個讓人哭笑不得的笑話。

笑話的背景，是某中國黨和國家領導人，各種原職連任、各種換職連任，總之十幾年如一日、二十幾年如一日，一直都是黨和國家領導人。

某外國記者幾年一度來華採訪，大惑不解：「How are you?——怎麼是你？」

再過一屆再見到：「How are you too?——怎麼還是你？」

又過一屆還是他：「How old are you?——怎麼老是你？」

關於中國的類似笑話很多，總讓人笑得五味雜陳、笑得比哭還難看。

這一回，我把這個笑話講到了台灣，不過是被用到了我自己的身上。我把自己嵌入這個哭笑不得的笑話，說的卻是台灣的公民參與。

我想看台灣的民主，看民主在台灣。這裡有民主選舉分化權力，有言論自由暢所欲言，有結社自由開放社會，但我想看的是具體事件，事關竹塹存廢的公共參與、公民參與。

說實話，在聽洧齊故事的時候，就有一種遺憾：他為保護竹塹使盡渾身解數，但是看不到台灣的公民社會，看不到社會大眾的參與。

我想做的，是自己的老本行——拉動大眾參與。

要想拉別人參與，首先要把自己投進來。

先是寫文章，第一篇梳理竹塹的歷史，第二篇寫當下面臨的問題，第三篇探討怎樣保護竹塹，這些文章是我的前置工作，要清楚表達竹塹的價值，以及應該怎麼做。

寫清楚不夠，還要把竹塹的故事一講再講，在公共場合發言中提到竹塹有幾十次，平時跟人談到更是不計其數。

但是，能夠直接交流的機會還是少之又少，怎樣才能讓人快速瞭解這件事？懶人包不錯。懶人包是什麼東東？請問張三你會做懶人包嗎？不會沒有關係，那我再去問李四。李四也不會沒有關係，請問你的朋友會不會？

事情愈做愈多，我也愈陷愈深，我加入不奇怪，奇怪的是成為拉動力量。在中國如此這般不奇怪，奇怪的是，在台灣居然也這樣。「這是台灣吔，也太誇張了吧。」

寫文章不夠、推廣議題也不夠，要做活動，還要把活動做得好玩有趣、易於參與，又能有後續支持，不容易。每一個活動都是系統工程，從框架方案活動細節到後續跟進，都需要大量時間精力，每一步都要面對無數問題。

做出來的活動還要有人參加才行，怎麼樣才能有人？還是老辦法：拉人唄！

就這樣，一邊走路一邊寫文章，一邊規畫活動，一路向北，從達仁走到豐濱，二月二十三日坐火車原路折返，又回到了高雄。回來拉人，我這次新認識的朋友都在南部。植樹節的活動，這些人是基本盤，還要再請他們拉動更多人。

回到高雄當天，就開始跑各種聚會，拉朋友參加我們的活動。我要在這一輪拉人之後，再沿西線北上，去苗栗，按原計畫跟隨白沙屯媽祖遶境。

其實這一路一直在用竹塹有關的訊息轟炸他們。把我們阿朗壹行走群組變成了竹塹歷史與現狀群組，把與竹塹有關的文章一篇一篇丟進來，不管是自己寫的，還是找別人的連結，也把活動進展隨時公告。擔心群組訊息不夠重視，還會私下開小視窗提醒，擔心私下提醒不夠有效，還要再當面邀請。

這麼死纏爛打，把新認識的朋友嚇到。阿朗壹初見，聽我一直說竹塹，原本以為三分鐘熱度退燒就好，沒想到一直在升溫；網路聯繫不夠，還真人跑來高雄。明明一早還在島嶼東北，怎麼下午就出現在西南，接下來馬上還要再去西北，幾天之後再南下。呃哦，搭台鐵不花錢的嗎？

怎麼是你？

「怎麼是你？」我的台灣朋友大惑不解：「你怎麼會寫這樣的文章、做這樣的事？」

「嘿嘿嘿！主要因為運氣太好。傻人有傻福，傻子一上路總有事發生，總能碰上好故事。剛剛走進恆春就自自冉冉、活活掉進了故事裡，都說狗窩裡留不住肉包子，這麼好的故事不講出來，天理難容。我寫這樣的文章很正常，不寫倒是奇怪……」

「不許繞彎子！我問的是：這是恆春的竹塹、台灣的抗拆，怎麼會是你，由你來寫這樣的文章？」朋友怒其不爭，恨我抓不住重點：「事關竹塹的考據、恆春的歷史與土地重劃有關的爭議，都不是那麼簡單的。做這樣的課題，應該由我們台灣的學者、台灣的文化人、台灣的社運人士慎重行事。而你，一個大陸人，進入恆春沒幾天就寫這樣的文章，並見諸報端，合適嗎？」

問得夠明白了，但我又沒抓住重點，瞻前顧後做起了算數題，仍然答非所問：「一共也沒有多大點兒的事。小小一片竹塹只占重劃區邊緣一百三十一坪，開發商放過這處歷史遺跡還有助於升值，對政府和公眾和遊客和商家都有益，全社會多贏天時地利人和……」

其實，不是我不明白朋友問題，是我有意胡扯，顧左右而言它。聽到這樣的問題，我下意識的反應其實是給一個反問：「為什麼不是你？為什麼不是你們？」

他不僅是我的朋友，也是台灣的學者、文人、社運人。

當然我也清楚，朋友擔心我闖禍、捅婁子，怕我出乖露怯有破綻。但也必須實話實說，他的問題還讓人嗅到了一股劃分勢力範圍的味道，讓我在政府與企業壓力之外，體會到一種來自「社會」的壓力，有了民主自由還不夠，還有一個很重要的因素，就是開放性——誰的民主自由？誰有資格民主自由？

不要以為我過於敏感，抓住一句話、一點小事不放。對台灣社運的批評是接下來的內容，我會專注認真對待，現在這一節的任務是自我表揚。

為什麼會是我？

為什麼會是我？不迴避問題，不推三阻四打哈哈：這與我的積極公民特質有關，看到問題、面對問題，付諸行動。一則我管不住自己對社會問題的關注，這差不多已經是下意識了，二則也管不住自己付諸行動的下意識，三則，我其實根本就不想管——這麼多年了，早就被自己鍛鍊出來節哀順變、接受如此這般做一個「想清楚就付諸行動」的積極公民。

我承認這麼回答還是在打哈哈，得空再來專門吐槽台灣人，不只吐槽社運同道，還有不知珍惜、不知運用自己的民主自由權利的糊塗人。

竹塹危在旦夕，只能不管不顧傻傻向前。此路不通沒關係，換個方向走走看，路是人走出來的。這樣不行換那樣，做事就像闖迷宮，只有先把自己投進去，才有可能找到路。我們拉了一個群組，不管別人有沒有回應，在群組裡發邀請、約聚會、出方案、收集意見、修改調整、補充資料、找人找資源、做懶人包……不管有沒有回應，每天忙得不亦樂乎。

朋友的顧慮，我倒不擔心，我一直認為，足夠的開放性是具備校正功能的。我可能不夠周詳嚴謹，對竹塹和台灣歷史瞭解不夠，但我公開發布、開放批評、歡迎指正。就像不打算掩飾自己的淺薄露怯一樣，我也不掩飾自己的立場，事關竹塹，我看到了資本霸凌、政府怠惰、立法不公、社會無感，看到了就說出來。我在公開媒體上把社會問題訴諸公論，也願意聽聽別人怎麼說。

看到問題，付諸行動，這是積極公民特質。不完善不完美沒有關係，有問題沒有關係，開放批評，也是同樣重要的積極公民特質。

我這麼寫、這麼做，通過這樣的行為無事生非，創造了機會與可能性，不只自己做積極公民，也以此創造他人做積極公民、參與公共生活的機會。

公共問題公共化、社會問題社會化，恰恰是一種拓寬公共領域的公民行為，我以此參與公共生活，也以一種開放的心態與姿態，創造參與公共生活的機會、創造參與社會事務的可能性，向所有人開放。

怎麼還是你？

之所以強調「積極公民特質」，與我當時正在做的功課有關，正在做準備，去台東的均一中學進行一場分享。

事關竹塹，一直沒完沒了見誰跟誰說，走一路說一路。不僅在自己的場子講，只要有機會就拿這個當例子。

二月十二日，在台東晃晃書店，政大杜文苓老師講《核食爭議與民主機制》，就程序正義提問時，我的案例就是恆春竹塹。

二月十四日情人節，我的獲釋週年紀念日，專題分享中，提到我對台灣的感受，也在談這個例子。

二月二十日，去均一中學跟同學們互動，提到公共領域與積極公民，還是竹塹。不要問我「怎麼還是你？」眼看這麼寶貴的歷史遺跡就要被合法拆掉，我不能只做電腦前面的鍵盤俠，虛無飄渺飛在網路裡，要實實在在拉上別人一起做些什麼。

其實，絮叨拉人也是一種積極公民特質——合作。

除了自己的投入，將一個問題成為議題、使之社會化，必須拉別人一起付諸行動，從單打獨鬥到與他人協作、創建組織化行動。

開放、合作、付諸行動，既是積極公民心態，也是積極公民能力；對社會問題有敏感，對不公正不公平有改變的願望，也有尋求社會支持、拉動社會資源的行動能力。

拉人的時候，總會一起做算數，「只要走就有路，天時地利人和，把竹塹保下來不是大問題！」但是自己心裡清楚，讓我這麼做的不是成敗考量。我在跟自己對話的時候，是從不算計成敗的，只考慮該不該做、是不是吸引我？如果也做算數的話，作法永遠都是這樣：「回答先有蛋先有雞這樣的根本問題，我的答案向來都是先有傻子。先有傻子不管不顧，動手做起來，就有了一半成功的可能性，得五十分，不做，鐵定只是零。」

決定要做，如何付諸行動？以我當下的資源和能力，能做多少做多少，走到哪裡算哪裡，用我的話是「有困難要上，沒有困難、創造困難也要上」。當然付諸行動的過程中，一定會摔跤碰壁栽跟頭，而能力，往往是在付諸行動的過程中得到成長的。

慢慢發現有人會說「你跟我們不一樣」，把我歸入有資源有能力有影響力之列，其實我們都一樣，付諸行動的能力是在行動過程中得到成長的。

當我投入保護竹塹的時候，也是在做一個小小的測試。我在台灣是外來客，是被連根拔起丟在此地，資源幾乎為零。如果我都能做，任何人都能。

「怎麼還是你？」當然我知道這個問題還有一層涵義：怎麼還是你，而不是張洧齊？寫文章是我很自然，但拉人做活動這種事，怎麼還是你？

擁有這塊土地的三十六人中，堅決保護竹塹和明確支持開發的都是少數，反對開發又全心投入如洧齊，是唯一一個。寫文章的事情歸我，拉人的事情應該歸洧齊、歸張家子孫。但洧齊與我如在平行世界，社運圈中無法一步到位。竹塹隨時有可能被拆，我和美雅期待藉著植樹節活動，幫助洧齊建立新的連接。如此說來，是我還是我，一點也不奇怪。

怎麼老是你？

台灣各種各樣的組織足夠豐富，各種各樣的活動也不少，但是看來看去，看到的往往都是老面孔，讓人忍不住會問：怎麼是你？老是你？

對那些積極公民社會組織來說，如何把社會議題做得好玩，以利公眾參與，跨出社運小圈圈，是個傷腦筋的問題。

即使是在台灣，積極參與公共事務的也只是少數。公眾有潛在的關注與參與願望，但僅止願望而已。台灣不像中國有那麼多來自國家的限制，沒人一起玩是大問題。

「我們台灣人喜歡小確幸，為了好吃好玩，願意花時間精力，不喜歡太嚴肅的事。」

如果我們把嚴肅議題變成一個好玩的遊戲會怎樣？——呃哦，這是個很不嚴肅的問題。

如何把社會議題做成一個玩具把大家拉進來一起玩，是個很不嚴肅的嚴肅問題。

我想利用台灣的寬鬆環境，借用竹塹這個議題試一試。

在公開、私下的場合做了很多嘗試，最初聽到的反饋，都不樂觀。

我們想打文化牌。現在台灣主體性正夯，到處都在說「台灣歷史」、「台灣文化」，像恆春竹塹這樣獨一無二的台灣活歷史，正好符合當下「政治正確」，理應成為熱議話題。

「不可能的啦！」說這話的朋友是老社運，二十多年來參與過各種各樣的抗爭活動：

「只有台北，才有可能成功。只有台北才能動輒上凱道上白由廣場，在那裡向權力中心施壓，成本最低，台北聚集了最多的傳播途徑，有的是文人學者社運組織，可以把聲音放大，讓議題成為公眾話題。離開台北，幾乎都不可能。」

土地正義事關每一個台灣人的生活，立法不公，危及所有人財產安全，理應人人響應：「沒有用的啦！」說這話的朋友同樣策畫參與過很多抗爭：「與土地正義有關的事情層出不窮，台灣遍地烽煙到處都一樣，這只是小事一樁，不可能吸引到社會關注。」

去找媒體朋友，講竹塹的故事一切都好，但說到採訪報導都大搖其頭：「我們不會去的。雖然個人對竹塹的故事感興趣，但恆春天遙地遠，沒有大事不可能去。竹塹的故事一點也不驚悚，能讓報社派我們從台北跑去恆春，除非——殺人放火。」

吃喝玩樂的「竹塹恆春」

當然他們說的都有道理，這些問題都是現實存在。那就把這些不利因素都當成我們「製造玩具」的前提條件，要讓有願望想參與的人都能進來，把行動變成一起玩，不僅參與公共事務，也能找同道、交朋友，知道自己吾道不孤，讓參與者在這個過程中成長。

「今年的植樹節，我們的酷與眾不同。三月十二日植樹節，我與竹塹有個約會，愛吃愛玩愛歷史愛台灣愛付諸行動的人們來吧來吧，恆春古城張家古厝不見不散。不僅有機會在百年竹塹種竹子，還可以聽古厝的主人講竹塹的歷史，講解台灣獨有『恆春厝』的特點，登臨龜山，站在日本人的防禦工事上回溯河洛人遷徙之路，看原住民客家人河洛人幾百年糾葛的脈絡，聽民間藝人的恆春民謠，體驗手作鹽滷豆腐，品嘗豆腐的十八種作法……」怎麼樣？是不是足夠好玩？

聰明的讀者，你早就看出來了吧，這就是我們想做的玩具。好吃好玩，有意思又有意義，來吧來吧一起玩吧。

恆春本來就是旅遊景點，大家呼朋喚友帶著小孩，來種種竹子聽聽民謠，聚會聊天吃喝玩樂。誰說「革命不是請客吃飯？」我們的革命，豈止請客吃飯，而且是吃喝玩樂火力全開，嘿嘿，那叫一個五毒俱全。

我在台灣見識了昭慧法師那種生猛熱辣口沒遮攔的佛門弟子，見證這裡的多元開放與包容，希望自己也能製造出一種既沒底限又沒上限、五彩繽紛葷素不忌的社運玩具，大家一起玩個不亦樂乎。

來吧來吧來吧。關心歷史的你、好奇竹塹的你、想親手種竹子的你、喜歡手作的你、想聽民謠的你、愛吃豆腐的你、要認識朋友的你、要帥炫酷的你、積極參與的你，等的是你是你就是你！

核心推動者
沒有如果

如果說，
連這樣的社會議題都成了歸屬於特定人的獨占領域，
那就必須受到質疑。
民主選舉、自由結社、開放言論都是受法律保障的權利，
把這些權利用起來才是真權利，
如若不然，有這些權利和沒有，有分別嗎？

二〇一四年起，在中國接觸台灣社運同道，他們的故事，收錄在我的「改變系列」第一部《一切從改變自己開始》和第二部《行動改變生存》中，關於這片土地，做過一點功課，也算有一些些瞭解。從二〇一三年第一次踏足台灣，到這次動身環島，我在台灣的時間加起來超過一年，但活動範圍多在台北週邊。

一直聽台灣朋友說「要看真正的台灣不能在台北，一定去南部，台北是中國，台南以南才是台灣。」有時候，「台南」會換成「台中」。為什麼？因為這裡有傳統台菜？社運大本營？深綠鐵票區？等到我真正走進南台灣，發現不只這些，還要加上一條：台語。

白目的台語課

「白目」，說的不是別人，說的就是我啦。

第一次見面，吉洋就說我白目。林吉洋曾經在北京的環保組織工作過，我們跑相同的圈子，有太多共同的朋友，彼此早有耳聞，就是沒有碰面，直到這次來高雄才終於見到。吉洋小我很多，聽一個五十幾歲的老姐姐眉飛色舞地說自己的徒步計畫。

你知道可能有那些那些那些危險嗎？——不知道。

你想過會遇到這些這些這些問題嗎？——沒有。

吉洋較我年少，但做的是歷史研究，瞭解中國，更熟知台灣，禁不住對這無知無畏的老姐姐心生憂慮，給我上了第一節台語課：「你這樣的方式，台語裡有一個詞，叫白目，笨笨傻傻，對大家都瞭解都知道的事情視而不見。」

吉洋悲天憫人地看著我，不曉得這一程會鬧出多少鬼馬橋段。我倒不以為意。對啊對啊，就是這樣，用我們的話說，就是缺心眼、二百五。

後來，慢慢瞭解，「白目」這個詞的豐富涵義，還有這樣的成分：不通世事、不知好歹。

我喜歡這種說法。在這個充斥著聰明人的世界上，遍地都是先有雞還是先有蛋這樣高深的哲學問題，我的答案永遠都是先有傻子，先有傻了不管不顧辦個養雞場。就醬！白目大姐的台灣行程就這麼開始了。

當我投入保護竹塹，不管不顧向前衝，朋友說我白目到「你這是青瞑牛不怕槍」；哈哈！既「青」且「瞑」，當然就更不曉得怕。

台灣社運「扛棒」紛呈

「扛棒」，是跟藍美雅學的。

我和美雅可謂臭味相投，都是那種點火就著、說了就做的人。事關竹塹，往往都是我拉美雅，美雅再去拉她的朋友，行走阿朗壹古道的同時，立即就拉了一個植樹節恆春團。她為此取了一語雙關的名字「竹塹恆春」，希望能夠為恆春保住這片竹塹恆久如春。

在跟美雅一起為「竹塹恆春」拉人的時候，常聽她用「扛棒」這個詞。比如說，她先徵得「行走的學校」兩位發起人劉秋兒、郭孟寬的同意，可以使用這個名義，她就會說：「我就用這個當扛棒啦！」在我們的字典裡，扛棒是一根棍子，抬物的工具。而在美雅的語境裡，有點「招牌」的味道，用這招牌的影響力，以此召集別人。

同走阿朗壹的那些朋友，幾乎都是這樣被她拉進來的，每一個，都是我們的扛棒。這麼說，既指這些朋友都有各自的影響圈、號召力，也有一種尊重，對行動者、對行動的尊重。台灣社運異彩紛呈，大咖遍地，扛棒遍地，只要肯努力，總能找到。

保護竹塹，我要去拉社運組織。台灣社會組織豐富多彩，暴殄天物，不用可惜。再經由他們拉動更多人，這是我對付難題的簡便算法。

瑜亮情結 「大尾」王不見王

我問洧齊知道某某機構某某人嗎？點頭。那太好了，去找他們尋求幫助。洧齊搖頭：「他們太大尾了！」又學到一個新詞「大尾」。

話語權也是權力，可以影響公眾、影響社會。在台灣，言及公共事務，居於話語權力頂端的，不是公權力、不是企業，而是社運組織、意見領袖，他們振臂一呼，會有很多奇妙的事情發生，所謂「大尾」。

大尾的話語權力不是體制授與，而是在長期的社會運動過程中，自己積累形成的。愈大尾愈有影響，保護台灣文化維護公平正義，是他們職責所在，就應該去找他們。

洧齊說，早就找過，得到的回覆除了忙不過來，一般還會有一些建議：「建議你去找某某組織，他們是在地機構、正好對路。」去找的結果往往是一個問句：「某某機構為什麼沒有參加？」問的就是那個有名的組織，建議再次回頭：「我們都是名不見經傳的小機構，他們才有影響力，這樣的組織加入了，自然一呼百應。」如是者三，似乎洧齊和竹塹變成了足球或者乒乓球，在這些大大小小的組織之間被推來擋去。

在中國，不論面對政府、企業、還是媒體，早已習慣了各種球類運動，但「這是台灣吔」，怎麼連社運組織也這麼玩？這是你們自己的土地、你們身邊的議題，怎麼會這樣？為了同一片岌岌可危的竹塹，台灣人洧齊嘆道：「你們是人民的政府吔！」我這個中國人的疑惑則是：「你們是台灣人自己的社運組織吔！」

後來，在分享的時候，我提到了在拉動社運組織時如何「被踢球」，得到的回應包括：「你不知道，還有比踢皮球更糟糕的，我們台灣人就這樣，放尿攪砂不做堆。」我是該哭呢？還是該笑？如此形象生猛的一句話，被用來描述我素存景仰的台灣社運，讓人情何以堪！還有人說：比這更糟的是「王不見王」，並舉例說明社運組織之間的瑜亮情結，都覺得自己才是老大，天無二主，你牽頭當老大，我不肯屈居人後，那就不參加。更有甚者江湖積怨，不僅有你無我，甚至只要有你，我就反對。

如果說，「球類運動」讓我困惑，這種東西讓我不安。

最初聽洧齊的故事，企業所為，一點也不意外，甚至當他嘆息政府這麼做很誇張的時候，對政府也不意外，不管國民黨執政還是民進黨。這是企業、政府的本質決定的。

我認識洧齊的時候，他已經抗拆兩年，一開始看不到社運組織，後來在拉動他們的過程中，看到這樣那樣的問題。當我在寫作這本書的過程中，或與台灣朋友交流的時候，很多瞭解情況的人會說，之所以出現這樣的現象，是因為，某某與某某的關係，他們的立場原本就不一樣啦；之所以王不見王，是因為某年某月某日在某件事情上，某某受到了怎樣的傷害。

我相信這些都有道理，但如果這些道理都通往了不作為，我不能接受這樣的結論。拋開那些恩怨細節，只論社會分工機構定位，對於他們、對於台灣本土的社運組織來說，保護台灣文化、維護公平正義，本來就是他們該做的，他們也是靠這些贏得了社會支持話語地位，沒理由不作為。社運組織是社會公器，事關社會公平、文化保護、歷史傳承，是有責任的。

有人會舉例說，太陽花期間，民間社會求同存異總動員，不要跟我說三一八，那已是二〇一四年的歷史，說太陽花和回顧上世紀社運年代並無二致，再怎麼輝煌的歷史都是過去式，我們現在是在二〇一七年保護竹塹，要的是此時當下的具體行動。

當然朋友也提醒我要換位思考，誰都害怕被人利用，大尾更擔心被人拿來當成「扛棒」招搖撞騙。受影響的，不僅有他們此前積累的聲譽，還會影響到未來。

這麼說當然有道理，但這些道理一路講下來，居然通往「球類運動」甚至「王不見王」，能說這樣的結果有道理嗎？

台灣的社運組織到底怎麼啦？

這個問題太難纏，我眼下還有更重要的事，著急要去當香客。二月二十七日是白沙屯媽祖啟程遶境的日子。今生今世頭一回當香客，台語叫「香燈腳」，也有叫「香丁腳」的。就是走路，這個我擅長。

白沙媽遶境　「自組織」不維自穩

丟下煩惱就走，丟下滿腦子糾結，趕奔苗栗，我要跟隨白沙屯媽祖和山邊媽祖去北港，經歷進香全程接近四百公里。十三天十二夜，一步一步走完全程，接近四百公里。

必須承認，我的香客生涯很震撼。也算是有點見識的人，這一路，十足震撼。

白沙媽以隨性著稱，每天起止時間不確定，路線也不確定，一切全都看心情——看媽祖的心情。

這位媽祖進醫院下工廠鑽小巷走田埂，想去哪裡就去哪裡，想走就走想停就停，想快就快想慢就慢，擅長長途奔襲同樣擅長急煞。媽祖身邊，追隨者成千上萬，這一年繳費報名的有三萬多人，加上大量像我這樣不報名直接蹭走的，還有回鑾日去白沙屯觀禮、吃東西和奉獻結緣食品的人，穩逾四萬。

幾萬人緊緊團結在媽祖神轎周圍，路線不定，時間不定，一切都不確定，用中國有關部門的話來說，是「充滿了不確定因素的大規模群體性事件」，那各級中共黨委、各級政府、各有關部門一定是各種維穩措施天女散花，必須得出動數倍於敵的維穩力量，嚴防死守「維護社會穩定」，就是這樣，依然難免愈維愈不穩，各種事故層出不窮。

像這樣的大規模群體性事件，雖然每回的故事一大堆，但是不出事故，為什麼？

有人說，是信仰的力量。我還看到了自組織的力量。

前幾年在香港，跟訪每年一度的樂施毅行（香港樂施會發起的越野籌款活動），四十八小時內完成百公里山地越野，四千多正式隊員加上數千蹭走人員以及支援隊伍、圍觀群眾上萬人。這個已有三十幾年歷史的活動，工作人員是兩千志願者，捲動香港社會方方面面，讓我看到如何經由一個具體的活動進行社會動員。那是一種境界，我稱之為「百鍊鋼化繞指柔」。

白沙媽讓我看到了另一種社會動員，持續十幾天捲動數萬人，四百公里風餐露宿不捨晝夜，衣食住行、醫療救護無法想像的工作量，知道工作人員有多少嗎？答案是：不足三百。

我一路走，一路問了很多志工，包括與白沙屯拱天宮廟方確認。白沙屯只是一個小村莊，拱天宮是個小廟，今年為活動提供服務的在冊志工，含轎班、香擔、醫療、樂隊、總務、廣播，總共不到三百人，都經過事先培訓，有進入門檻，有認同許可機制（很多是通過擲筊由媽祖認定）。

早先進香的基本班底，只有本地轎夫頭旗三、四十人，身兼二職，進香團也兼工作團。後來隨同人員愈來愈多，慢慢有了廟方志工。最近十年，白沙屯媽祖遶境聲名鵲起，參加人員來自全台，甚至世界各地，人數快速膨脹，從三、四千變成了三、四萬，人數增加了十倍，但工作團隊還是老規模，不曾水漲船高，遶境活動的組織方式也不曾與時俱進。

三百人，要應付三萬多人長達十幾天衣食住行所有事務，怎麼可能？如果沒有廣泛的自組織，這是一個不可能的任務。

吃貨天堂　一路吃一路飽

作為一個吃貨，首先以吃為例。

出門走遠路，都知道兵馬未動、糧草先行，但是，跟隨媽祖去遶境，一定不能帶糧草。因為一路實在吃太好，免費的早餐午餐晚餐到處都有。

遶境十幾天，吃了數不清的台灣美食。最常見的是糖果、餅乾、粽子、包子、蛋糕、麵包、水果、玉米；各種瓶裝水、運動飲料、果汁、咖啡、紅茶、青草茶、薑母茶、牛蒡茶。我吃素，對所有肉包、肉粽、肉羹、貢丸、滷肉、麻油雞視而不見，但一路吃到了各種素粿、素粽、素餅、麵線、油飯、紅豆湯、綠豆泥、薏仁湯、花生湯、蘿蔔糕、芋頭糕，單是入口的蛋糕至少十種以上。基本食物一日三餐是廟方組織準備的，也有政府和政治人物捐獻。

與吃有關，有更多人參與的，是商家與個人沿途捐獻的結緣食物，這是我的主要觀察對象。

我特別留意了捐獻食物的個人，少數置備了流動設施，瓦斯、茶爐、儲水桶一類，開著車跟隨媽祖一起進香，走一路捐一路，但也有很多是隨機自發臨時性的。這種類型的食物捐贈，數量最多，種類最豐富，包括很多流動的咖啡、奉茶和飲料、零食分發，看到這類食物，就會看到「香客變志工」——身邊的香客走過去變身志工，分擔製作飲品、分發食物的工作，這批東西分出去、或者有下一位志工加入，再轉換頻道做回香客，繼續向前走。

香客變志工　維護「行的安全」

再以行為例。進香就是要走路，媽祖在路上，經常會成群結隊的人跪在路中央，鑽轎底祈福。因為白沙媽的不確定性，所有的香客都擠在轎邊走，形成了一個成千上萬人結成速度很快的「人團」。

鑽轎底的人跪在路中間，極易發生踩踏。有趣的是，每當看到前面有人在路中排隊，就會有香客停下腳步，轉換身分，變成維持秩序的志工，站在隊伍前面，摘下頭上帽子不停晃動，擋開迎面的人潮，維持秩序避免踩踏。而且「香客志工」還會自動分工，有人固定位置，站在鑽轎底的隊伍前面，負責提醒香客隊伍，也有人邊走邊提醒鑽轎底的人隊形和隊伍方向，有人走在轎前提醒「跪下、低頭」，還有人負責在媽祖大轎經過之後提醒：「起來嘍，回過頭來謝謝媽祖。」

每當媽祖急煞臨停，就近的香客變身義交，配合警員、義警結成人牆維持秩序，類似身分轉換彼彼皆是，志工所為，無所不包。

數以萬計香客走過並沒有垃圾遍地，沿途到處都有收垃圾的志工，一路進香一路收垃圾，有人改裝了自己的汽車，有人是在摩托車和腳踏車上掛收集垃圾的袋子，也有走路進香的香燈腳擺開紙箱和袋子收垃圾，也有人將分類的袖珍垃圾筒隨身攜帶，還有人手裡拿著長夾子一路走一路撿垃圾，最小的垃圾哥還是個孩子。

我一直關注人的組織形態，震撼於這種無所不在的自組織，特別是數量廣大、沒有事先訓練的公眾中，隨機形成的自組織。一路走一路不停地跟人聊，廟方的人，老香客新香客，提供食物的人，香客和志工，我想知道這種無處不在的自組織是怎樣形成的？

一開始這樣做的也只是少數人，但只要慢慢積累到一定程度，度過了某個臨界點，一旦形成氛圍，就有了一種迅速影響改變他人的力量。很多參與其中的人也許像我一樣是第一次，本來並無意識，但一路走下來，自然而然有樣學樣，我就是如此。

自組織　維持社會穩定的基礎

今生今世頭一回當香客，一路混吃混喝、聽各種感人的故事，遇到各種有趣的人、交各種朋友。這種永遠都有意外的大規模群體性事件，居然能不出事故，參與其中的每個人，都有自下而上的自組織意識，有組織基礎，並有付諸行動的能力。這種能力來自於台灣比比皆是的自組織，來自於每一個社會成員的參與意識與參與力。是自下而上的公眾自組織，讓這個社會具有了吸納社會變動、消解危機的能力。

此前通過閱讀轉型歷史、採訪社運領袖，都是在中心區域，由社運菁英策動，是自上而下的動員。但白沙屯媽祖遶境是直接面對公眾個體，不定向不定點隨機動員、臨時性組織。

當然宗教因素很重要，信仰很重要，但是不管是公益，如樂施毅行，還是信仰，如媽祖遶境，歸根結底，還是要通往基層動員，自組織能力是根本，有了這種意識與能力，可以是為信仰，也可以為其它事件或議題。

社會活力、社會穩定來自於權力自下而上，來自民選授與，也來自於公眾的自我組織、自我管理。不管是三千人還是三萬人，或是更多人，都一樣。

以前都是在社會運動同溫層圈圈裡轉悠，這一次十三天十二夜的遶境，進入了一個完全不同的場域，換個角度見證了台灣豐沛的社會力。最初參與的遶境民眾，都是小漁村裡的街坊鄰居、普羅大眾、販夫走卒，所謂「最低的那塊板」。

白沙媽出行不是最台味最草根的，但享有一種獨特口碑，資深香客比比皆是，向我明確推薦白沙屯的，多是知識分子文化人，同行過程中，看到許多專業人士追星族，每年都要專門請假、追隨媽祖辛辛苦苦走一回，愈是資深香客，愈是講究要走全程，特別是有些都市裡的醫務人員，作為全程志工幾年如一甚至十幾年，而且是排他性追隨。遇上這樣的人，我自然會一再追問「為什麼」，為什麼要特別指定向我推薦白沙屯？為什麼不追別的、而且是用這種方式單追白沙？不同的人，給我的答案裡多有兩個相同的字：「純粹」。

我在這裡不僅由細節看到了廣泛的自下而上的自組織，也由活動整體看到了宏觀上的弱組織。一般來說都是組織化強度與組織規模同步水漲船高，在白沙媽祖這裡不是無組織，但是弱組織，或者說，是從白沙屯媽祖進香由小而大演化的過程中，讓我看到了組織由強而弱。早年同村鄉親三十、三百人進香年代同質性凝聚力足夠強，算是強組織，人數變成十倍、百倍居然沒有明顯的組織成長，相對於如今的活動規模，是弱組織。但如此弱組織卻能不出大問題，相當程度上回應很多人對於開放社會的顧慮。經常聽到很多人憂國憂民與我們的黨和國家保持一致，擔心「中國那麼大，不好好管亂了怎麼辦」？

台灣信仰自由各種宗教力量八仙過海，各種繞境進香不可勝數，白沙屯不是規模最大、吃得最好、後勤服務最到位、組織規劃最嚴密的，但是特色獨秀。台灣的自由不止於宗教信仰，在宗教活動中，同樣看到各種幫派力量資本力量各路名星明嘴也是各顯其能，一個歷經這麼多年的大型活動能夠保持純粹或者一定程度上的純粹，能夠看到變通妥協迎合，但沒有變成幫派資本文化精英主導，讓我看到了廣泛自組織基礎上弱組織的另外一種優勢。

媽祖進香過程中沿途收取奉獻，只有志工隊伍中的總務組才有資格收錢，每人手裡有一本發票，原本以為錢最重要，一定是白沙屯廟方的人，但問了幾個都是志工，不過這個組裡都是資深志工，都是全程跟走多次並且多次做志工的才有資格。那麼哪一個組是「廟方直轄」呢？似乎只有廣播組少少幾人。這個有趣，這是喉舌，關鍵機構。媽祖進香的信息樞紐是網站，網站很潮，主要是志工所為。成千上萬人走在路上的現場調度，更直接、更面對面的，是一直在隊伍中游動的廣播車。

這麼做，小廟方辦大活動抓大放小充分賦權，讓這個以變數著稱的活動可以共享權利、分擔責任，以不變應萬變。

根本在於基層自組織。用管理提供基礎服務、界定基本邊界，設計運行機制的根本，是讓這種機制有足夠的開放性，具備這些要素就夠了，隨後的事情交給社會自己。

作為一個觀察者，如果眼光向上，只盯著國家政策社運組織，其實是畫錯重點，最根本的力量蘊含在社會本身。如果談到對未來中國的預期，假如危機來臨，我們如何存活？假如機會來臨，我們如何建設？答案無它，基層動員、社會自組織能力，才是根本。

實在是有必要建言中共中央：黨的各級領導幹部都應該來走一回，跟著媽祖大轎一步一步走全程，不用辛辛苦苦背誦社會主義核心價值觀、學習「三個代表」重要理論，自然而然就能找到維穩簡便方法：開放社會，讓自組織發育出來，就可以不維自穩。

保護竹塹的寥寥基本盤

三月九日，追隨媽祖回到白沙屯，結束遶境行程，立即南下。到了高雄，立即奔美雅的書店咖啡館。約好了要在這裡開會，洧齊先到了，在等我們。

美雅和我，老早就在朋友圈裡廣發邀請，這一回我不是自己來的，還有一位被我拉下水的同伴，跟我一樣來自中國，分擔了很多前期準備工作量。

預定的開會時間到了，美雅提議等等，說姍姍來遲是「我們南部人的習慣」，張高傑下班後帶著他的小女兒，從美濃趕過來：「看來，這就是我們的基本盤了。」

美雅一再用有點歉意的語氣說到「我們南部人的習慣」，一開始是說我們南部人的習慣是會遲到，後來說，我們南部人比較不愛出頭露面。我倒不太在意，任何事情，只要有核心議題關鍵人，就能做得起來，現在不僅有竹塹、有淯齊，還有我們這樣的基本盤，夠了。

能與保護竹塹結緣，必須感謝兩個人，藍美雅和張淯齊。與美雅、淯齊對話，分別要用兩個不同的話語體系。

美雅會給一些建議，比如應該去聯絡某某組織，與我曾經的想法大同小異，她想像中的保護運動，應當有這個區域、這個領域裡的標誌性組織參與，這沒有錯，但我不會把這些組織的參與作為前提條件。

我會跟淯齊談，當淯齊說到他的現實處境如此如此時，我不再拿來跟美雅說，而是與淯齊一起想辦法，通過可操作的活動設計，改變他眼下單打獨鬥的狀態。不管有沒有外力參與，我們都會拚命做，對於社運組織的參與持開放態度，隨時歡迎加入，期待我們把事情做到一定程度，能夠吸引到他們。

美雅強調，應該在保護竹塹中，看到公民社會的力量、應該形成社區組織、應該有身邊的大眾參與，她說的這些，我都認同，而且還會拿來鼓勵淯齊。他一般先是溫和笑笑，接著講這兩年來推動過程中的挫敗經歷：「沒有用，推不動的啦。」淯齊的故事我聽很多，也在共同努力的過程中，對他有更多瞭解，他的難處，我也能體會。

當我提到到社運組織、社會參與、積極公民這類的話題，他都會特別強調，「那種事情我做不來、也不想做。我跟你們不一樣，我只是個平常人，只想與太太小孩一起過平常的生活」，刻意要讓自己和「社會運動」保持某種距離。

我從來反對把現實生活與社會參與對立起來做二元選擇，似乎從事社會運動就不能「與太太小孩一起過平常的生活」，會拿自己現身說法，照樣帶大了兒子，自己也活得很happy（當然啦，這是二〇一四年被抓之前的事）。我也會講到美雅，她有一雙兒女，教師職業、社會活動、家庭生活都能兼顧，但洧齊還是微笑搖頭，堅持「我跟你們不一樣」。我有我的理解，他有他的道理，不必一定要說服誰，但我們都想保住竹塹，願意為此做努力，他做他能做的，我盡我所能。

我似乎站在了兩種話語中間，一方面拿美雅的標準推動洧齊，同時又拿洧齊的現狀與需求說服美雅。原本他們是朋友，現在我卻成了他們中間的第三者。

其實我是兩種思維之間的第三者，因為身兼社會觀察與一線行動兩種身分，對雙方都能理解，出於我長期做一線執行的行動者本能，再做一些溝通與融合。

好慶幸自己不是美雅，沒有評審委員的標準；也不是洧齊，沒有那麼多現實牽絆。

每次去高雄，我也會拉上美雅，討論類似「台灣社運怎麼了？」這種沒用的問題。

台灣的社會運動領先中國，有漫長累積，已經有了相對完備的倡導、服務系統，專業化分工、職業化團隊，修法成果及學術研究一大堆，有一套評定標準、話語體系，全都讓中國人望塵莫及。但為什麼卻不適合淯齊這樣的台灣人，不能適用於保護竹塹這樣的台灣議題？

這不是美雅與淯齊兩個人的不同，而是社運標準與現實需求的距離。是拿一個既有的社運標準來框定議題，還是根據議題需求，盡力參與並校正標準？社運組織、社運人不能要求一個議題長成什麼樣子、站在一線的人具備什麼樣的條件、符合怎樣的標準我才參加，而是應該回過頭想一想，自己的社運使命和社會現實之間的關係是怎樣的？

社會組織的豐富性和開放性，決定了公共參與的品質，台灣的社會組織足夠豐富，但要重新評價其開放性。前面講到，當台灣朋友問我「為什麼是你？」我倒想進一步問他：「為什麼你們不做，反倒以此責問做事的人？」

保護台灣本土文化、社會公平是你們的責任，這本來應該是你們台灣的學者、文化人、社運人做的事情，但這樣的提問中有一種意味，恰恰忽略了此中「應該」、「責任」的成分，而是變成了一種獨占權力：這個領域、這裡的話語權是我的。這種意味讓我警惕，可怕的不是這一句話、這一件事，而是這種心態、這種下意識。

如果說，連這樣的社會議題，都成了歸屬於特定人的獨占領域，那就必須受到質疑。

不說這個了，這種話題一扯開，一本書不夠用。眼下保護竹塹迫在眉睫，先做事要緊。

兩個中國人　乞丐變廟公

我們拉起了工作小組，分派工作，以三月十二日活動為標誌倒數計時。說來有趣，那段時間投入最多精力的，是兩個中國人。我們同樣關注社會議題，都有長期行動經驗和行動本能，都是忙人，不同之處在於我忙著趴趴走，她忙於例行工作。兩個中國人跟竹塹死磕，純粹吃飽了撐著——多管閒事。台灣朋友好奇我們沒事找事自找麻煩，我們打個哈哈混過去：「在台灣遇到的是困難，在中國遇到的是危險。當然在台灣也要付代價，但兩種代價實在不成比例，不做白不做。」

「台灣的條件多麼好啊，如果我的小夥伴有這樣的條件，他們會把事情做到天上去。」朋友一再感慨。我們有個共同困惑：在台灣，民主選舉、自由結社、開放言論，都是受法律保障的權利，把這些權利用起來才是真權利，不然，有這些權利或沒有，有差嗎？呃哦，這似乎又有點兒牢騷了，暫且打住。

推進過程中會有新問題出來，與在地有關的要催問洧齊，與外部資源有關的，就找美雅——怎麼好像我們反客為主，成了拉動的力量？

美雅呵呵一笑：「這就叫乞丐趕廟公。」哇！好生動的表述。

三月十日整天，我和朋友關在房間裡埋頭苦幹，我趕文稿她趕懶人包。那時候，關於竹塹的文章已經寫到了第三篇，朋友的懶人包，已經是五易其稿。說是懶人包，但製作過程絲毫不得偷懶，必須掌握大量訊息、瞭解不同面向，才能用最簡短的篇幅、最直接的方式呈現出來，讓人一目瞭然。

按說做這種事由洧齊來做最合適，但他一則忙不過來，二則不熟悉製作思路，具體工作就落在朋友身上。她在跟洧齊要資料的時候總會說「謝謝」，洧齊回覆：「不會。我會幫助你們，把這件事情做好。」

朋友事後跟我提到「幫助你們」這個細節，有些身分錯亂，怎麼會連洧齊都覺得是在幫助我們？我大笑著賣弄新學的台語現炒現賣：「你也是乞丐趕廟公了！」哈哈哈。

朋友認真起來，覺得應該改成「乞丐變廟公」，「趕」廟公，是乞丐主動所為，而我們是稀裡糊塗被變成廟公的。

讓台灣被台灣看見

十日晚上，朋友留在房間繼續趕工懶人包，我和洧齊、美雅去做「竹塹恆春」相關的前期沙龍。到場十位朋友，一半是熟人，參加過阿朗壹行程，一半是新朋友，看到網路訊息或者朋友介紹來的。這個沙龍最直接的作用，拉動了幾位朋友參加兩天後恆春的活動。

那天我講了兩點：我如何看待竹塹的價值，怎樣理解保護竹塹的可能性。

恆春竹塹，是當地獨有特色文化的載體，也是活著的歷史，彌足珍貴。竹塹能否逃過「依法拆除」，讓人看到一種關於台灣歷史、台灣價值的悖論。

現在到處都在講台灣的主體性、講台灣文化，從歷史文化意義上講，恆春竹塹是千載難逢的絕好載體。很多台灣人致力於重新梳理台灣歷史，提煉台灣價值，彰顯台灣精神，「讓台灣被世界看見」。那麼，我的問題是：讓世界看見一個什麼樣的台灣？

竹塹範圍小小，從恆春厝建築看出台灣與中國的淵源、聯繫，也能看到台灣文化的獨特個性。因為竹塹的存在，又將原住民文化、原漢衝突、明清日治國府時代變遷、經濟政治因素匯聚一體，這是絕無僅有的台灣特色。

恆春竹塹區域內，不僅有保存完整的實物載體，又有生活其中的人，在每天的日常生活中，體現文化的融合，農耕文明自給自足到當下台灣地產經濟，都是這裡的背景。客家傳統與西方宗教在這裡每天交匯上演，有著明顯屬於台灣的獨立文化性格。古厝、竹塹和日常生活，不僅是獨有的恆春文化遺存，也是活著的歷史。走遍台灣，怕是很難找到這麼好的樣本。

「社會公平」、「愛台灣」、「台灣主體性」、「讓世界看見台灣」都是當下放之台灣皆準的主流論述，但是，為什麼看不到這類政治正確的論述，與恆春竹塹具體的連結？

關注竹塹、瞭解竹塹，親身參與保護竹塹，是「讓台灣被台灣看見」。

文化價值與傳媒熱點單相思

資本霸凌、政府怠惰、立法不公、社會缺位，保護竹塹如何可能？恆春這種天遙地遠的地方，保護竹塹如何可能？或者說，邊陲地帶自下而上的社會運動，如何可能？不用說，那天到場的人，不論老朋友新朋友，都提了很多問題，直指保護竹塹的不利因素。

恆春偏遠，沒有媒體資源，不是熱點話題，加上台灣人不喜歡抗爭，喜歡吃喝玩樂小確幸，這都沒有關係，我分享自己接觸竹塹議題至今一個月，一直在面對這些問題，我們現在設計的活動，恰恰就針對這樣的台灣現實，用吃喝玩樂小確幸把活動做得活色生香，借用網路力量把偏遠地區冷門議題送入公眾視野，而且這段時間持續發文開始有回應，已經有幾家媒體關注。我們恰恰是把這些不利條件，變成了設計活動的前提，要把保護竹塹的活動做得吸引人，是社會運動，也是社運玩具，一個既沒有上限也沒有下限、好吃好玩的玩具。

「恆春，是一個悲傷的地方。」林吉洋用了如此詩意又憂傷的表述，這個帝國邊陲島嶼最南端的地方，如今被放在墾丁旅遊背景之下，是個被觀光資本扭曲的土地。人們被短暫的利益蒙住眼睛，很少看到歷史文化的脈絡、看到公平正義的價值。

吉洋是文史工作者，關注環境議題，是頗有影響力的公民寫手。他說，恆春這種偏遠地區，本來媒體資源就少，很多媒體派駐當地的記者大多集中在縣政府，吃政府給的便當，發政府給的通稿。台灣有新聞自由，遇到問題，雖然不會有中宣部通令封殺，只是吃人嘴軟，也不好不顧情面揭人傷疤。但是，台灣的好處是遇到問題，總有公民記者不管不顧，時間長了，在公民記者群體中也會形成一種合作默契，一旦公民記者集中火力某個議題，今天是這個人用這個角度，明天換另一個找新的切入點，總有相關訊息出現在不同的媒體，慢慢形成壓力，讓主流媒體覺得不報不行就會出手跟進，形成媒體壓力，政府就不能再裝聾作啞。吉洋和他的朋友們，在此前的許多社會運動中，就具有非常重要的作用。

「跑路」的中國人&台灣特色的社運議題

那晚的議題，不知怎麼就轉到了我身上，大家好奇我的行為方式和思考邏輯。問我為什麼會做這樣的事，會如此投入？

我給大家講了一個聽來的故事，從台灣電視劇《燦爛時光》鄭文堂導演那裡聽來的：

白色恐怖時期被槍決的政治犯，最年少的只有十五歲，還是個孩子。被帶走的時候，一路向所經監房鞠躬、道別：「對不起，我要走了，謝謝你們照顧我。」我在台灣，受惠良多，在台灣的日子，猶在天堂，受到太多關愛。我做這些，不為成敗計不為成效計，只為表達自己對於台灣的謝意——謝謝你們照顧我。

回應到台灣朋友種種柔腸糾結，我說就算是有那些限制與顧慮，也必須放手一搏。人在現實世界裡生活，吃五穀雜糧，處人際關係，大家提到的各種限制各種顧慮，放諸人人而皆準，我也一樣。但是，只瞻前、不顧後，也會形成一種人生習慣。不計時間精力，不算投入產出比，讓人離理想目標近，離雞零狗碎遠，在現實生活中活超脫了，在複雜世界裡活簡單了，是一種很「賺便宜」的活法。

此時得遇竹塹，對我而言是一種幸運。我一直對邊陲革命感興趣，保護竹塹這件事，在恆春這樣的地方、邊陲之邊，我看到了、參與其中、全情投入，再自然不過。

大家開始分析我，說就算不是竹塹而是別的，也會很拚。但他們不會，不僅有成敗考量和個人因素，還會顧慮當地各種組織間關係，各種恩怨糾扯。對我來說反而簡單，我被連根拔起丟在這裡，既沒過去又沒未來，既沒有前世糾結現下情仇，也沒那麼多未來的顧慮，本來就是簡單投入的人，如此情勢之下就更容易活得簡單，做得投入。

接下來大家好奇的問題是：「你們中國人都這樣嗎？」這個具體的「我」和「中國人」

之間能否通用？面對別人的提問一直頗費唇舌，面對自己的書寫一直頗費糾結，只能開玩笑打哈哈：「我是這樣的，但中國人有十幾億，是不是這樣，你要問他們。」其他內心小劇場、大劇場在此跳過，後面會寫到。

此情此境之中，別人會這樣問，也是自作自受，因為在類似交流場景，我口中頗多「台灣人」出現。雖然一直自詡直率，但我在類似場合還是做不到直指面對的具體人、直接批評面前的「你」，或者張三、李四，而用「台灣人」一言概之。

不怕被台灣人笑我班門弄斧，那天以自己有限的瞭解，大談台灣的公眾動員與社會參與，從台灣歷史上讀到了堪稱輝煌的社運經歷，也從當下媽祖遶境一類的公眾行為中，看到了自下而上組織動員的力量，在台灣這種地方，怎麼可能眼睜睜看著竹塹被拆？

說來說去總忍不住要給面前那些具體的台灣人提點建議，但限於上面提到的顧慮，我使用的稱謂不是具體的「你」，而是泛指的「台灣人」：台灣當下的社會環境太好了，人在參與社會事務的時候，反而會在細節上斤斤計較，而我對比之下感受明顯，更加體會到一個人的現實生命與社會生活的關係，我是通過這些，找到自己生命的位置。這對我很重要。我可以找到一萬條不參與的理由，但只有參與其中，才會讓人沒有遺憾。

對台灣人來說，不管你有多麼充足的理由不參與，如果竹塹不保，你的理由再多、再正確，再怎麼能夠說服別人、說服自己，又有什麼用？

我們台灣人會不好意思的

說到我正在走路環島這件事，吉洋問我知不知道，走路，在台語裡，還有另外一層涵義：逃走、被迫逃離、遠離危險，也可以說「跑路」、「落跑」。

「扣子是跑路來台灣的，亡命天涯，不知道自己的明天會怎樣，但她在這裡如此投入台灣人的事情。如果我們只是看著扣子這樣的外人來做這樣的事情，我們台灣人自己，是會不好意思的。」吉洋說自己時間確實緊湊，事情確實很多，今天此來，本來是要說一聲抱歉、不能參與，但是，沒有想到，我一個中國人，會如此深刻地看待台灣歷史，如此投入台灣文化保存，自己作為台灣人再不參加、不盡力，實在說不過去。

幾位高雄朋友的情況也差不多，只是因為我們一邀再邀覺得不好意思，原計畫出席沙龍，表示道義支持，沒想到會被我們拉下水。

關於台灣歷史本土文化社會運動前世今生，我嘰哩呱啦對一百個人說了一百遍，聽到自己耳朵長繭，只為以此拉動別人參與，他們居然不是因為這些歷史、意義與價值，而是因為這麼匪夷所思的原因參與進來。

不管怎麼說，乞丐變廟公也好，乞丐趕廟公也罷，現在當務之急是竹塹不保，管它乞丐管它廟公。能夠有愈來愈多的人加入，總是好事，至於怎麼表述我，不重要。

沒底限沒上限　「竹塹恆春」好好玩

三月十二日，「竹塹恆春」登場。參加成員來自恆春、屏東、高雄、台東、新竹、台北，還有十多位小朋友參加。動手挖坑種竹子，是最讓他們興奮的事情。

不要小看和孩子一起種新竹子，覺得這個是「小兒科」，要知道，這種小兒科連通著大歷史。我們新種的竹子，是補在百年竹塹被毀掉缺失的地方，幾年之後，新竹成蔭，將會與原有竹塹融為一體。我們今日所為，是為百年竹塹的歷史又添一筆，我們的竹子，是種進了台灣的歷史裡。載入歷史，「沒有上限」。

洧齊做了周密的準備，除了竹苗與工具，還準備了原木標牌，我們可以寫下自己的名字和對竹塹的祝福。標牌已經打好了洞，穿上麻繩，種下竹子之後，孩子們將寫好的標牌掛在竹子上，歡天喜地與「自己的竹子」合影，與竹塹合影。但他們的家長，在孩子們燦爛的笑容之外，卻有另外一層沉重：竹塹隨時有可能被鏟除，等到這些孩子長大成人，留給後代的，可能只是一張關於竹塹的照片。

帶著兒女參與植竹的藍美雅說：「如今台灣已經很少見到竹塹，更不用說這種與古厝渾然一體的遺存。這片一百四十多年的風景，如果因為房地產開發就不見了，我們怎麼去跟小朋友解釋台灣的竹塹是什麼？等小朋友長大了，他們怎麼跟下一代去談？」

保護竹塹，孩子也能出一份力，他們不僅來這裡挖土植竹，還可以給事關竹塹存廢的大人們寫信，懇求他們幫忙留住竹塹。他們都是第一次實地見到竹塹，希望他們長大成人之後，也能有機會帶著自己的孩子來看竹塹，講竹塹的故事、台灣的故事。他們決定把信寄給文化部，懇請他們為自己的孩子、為台灣的後代子孫，保留這樣的文化遺跡。

另外，與土地策畫法有關的一年修法期限將至，也期待我們為保護竹塹所做的努力，和台灣的孩子為傳承歷史、為了讓他們的孩子能夠見證這樣活著的台灣歷史所做的一切，能夠影響修法，也是另外一重「沒有上限」。

除了種竹子，還有藝術時段，洧齊請到了有名的恆春民謠藝術家黃卻銀，撥弦彈唱。恆春民謠的特點之一是即興演唱，開頭一句就是「張家祖先確實有福氣，古早以來都有這麼好的子孫……，看到你們在種竹子很羨慕，都是為了我們的後代種福田。」

在動手植竹和欣賞恆春民謠之後，大隊人馬奔向不遠處的車城後灣黑貓姐那裡，大人孩子一起動手，體驗海水煮鹽和手作鹽滷豆腐，各種喝豆漿、吃豆花、製作豆腐豆渣不亦樂乎。雖然活動發起帶有明確的社運指向，但是用吃喝玩樂的方式參與，這也是一種「沒有下限」。

後續參與同樣沒有下限。均一中學兩位老師專程從台東趕來參加活動，他們還會帶學生和家長一起來恆春，來看台灣的竹塹、聽台灣的歷史。均一的同學們也會參與保護竹塹的行列中，他們還希望能夠將保護竹塹的請求傳遞出去，親臨現場的人可以與竹塹合影，沒有機會到場的人，也可以做照片傳播、網路傳播，給文化部發 Email，請求保護竹塹。所謂「沒有下限」，就是指參與門檻低，甚至可以說是沒有門檻，可以用非常簡單的方式，舉手之勞，為保護竹塹盡力。

不要小看聚眾 happy 吃喝玩樂，這樣的恆春小旅行既好吃又好玩，既有意思又有意義，可持續可傳播。既是抗爭，也是說服，以此展現未來共同復育文化資產的可能性，竹塹保護者、土地開發方、當地政府完全可以多方共贏，在這個意義上，多方根本利益一致，可以共同合作，為子孫後代種福田。大家不僅是來品美食、聽民謠、種竹子保護竹塹，也是在保護恆春文化，傳承台灣的歷史。

揪團恆春特色小旅行

《蘋果日報》和《自由時報》的記者聞訊趕來，並做了報導。透過媒體報導與參與者的社群傳播，我們一再向公部門和重劃公司申明：保留竹塹並不是要拒人千里，張氏後人願意將竹塹重新修整成為社區公園，將這片寶貴的文化遺跡與大眾分享，也願意與政府和開發公司合作。已經在當地整合了藝術、行銷、文史三個領域的專門人才，要開發

「走入歷史，體驗文化」的深度恆春旅遊，這次的社運人士、文史工作者揪團「竹塹恆春」之旅，就是在嘗試這款體驗農業時代恆春人生活方式的旅遊產品。

未來，張洧齊和恆春當地夥伴還會繼續開辦這樣的恆春特色小旅行，可以接待更多人認識恆春、瞭解台灣文化，用吃喝玩樂的方式表達訴求、參與抗爭。

以下是洧齊臉書中的表述：

「我們想像保存這一座恆春半島僅存的竹塹民宅，讓來訪住宿的遊客，用一百年前恆春人的頭髮土洗頭、無患子洗澡、接骨草洗牙，還能吃著恆春傳統美食綠豆蒜，就在古厝前面一張長凳上面，聽著恆春民謠《思想起》，或者牽著牛去吃草，或者從井裡打水洗衣，我想這是最好的禮物，打造屬於百年恆春的生活方式，發生在這小小竹塹當中，隱密又幽靜的假期。」

都說參與社會運動、參與公共事務有代價有門檻，但是，這一回，我們是在製造歡樂，提升參與社會事務的吸引力，消解參與門檻。就是要通過這種方式，將事關土地正義的社會抗爭，變成一個老弱婦孺皆可參與的戶外活動，好吃好玩，樂趣橫生。

我只是煮鐵釘的流浪漢

「竹塹恆春」的遺憾，是媒體劃錯重點，《自由時報》的標題居然是《拯救台灣罕見竹塹，中國社運人士帶頭種竹子》。是我帶頭沒錯，做事情擔責任不能當縮頭烏龜，從預熱傳播方案設計到拉人揪團現場推動，該做的事情排出來開放認領，剩下無人認領的，我就必須頂上去。只是我不想、也不該成為重點。

對自己推動者的定位一直很清楚，我就是一個煮鐵釘的流浪漢。這個故事講過無數遍，還寫在自己的書裡：「有個流浪漢走進村莊，借來一口鐵鍋，撿來柴草，在村口支起鐵鍋燒水，從懷裡掏出一根鐵釘，放進水裡：『我要煮一鍋美味的釘子湯。』圍觀的人愈來愈多，都想看看釘子怎麼可以煮出美味的湯。水開了，流浪漢自言自語：嗯，味道不錯，要是有幾粒香料就更好了。於是有人拿來了香料丟進水裡。

在升騰的香味裡，流浪漢再次自語：『如果有一點火腿末，那就更美啦。』於是有人往鍋裡投進了火腿。在流浪漢不斷自言自語的過程中，鍋裡慢慢增加了蘑菇、麵粉、青菜、鹽以及其它做湯應該有的佐料，最後，全村的人都喝到了美味的湯，圍著這口鍋載歌載舞，像是一個節日。流浪漢收起他的鐵釘，繼續上路。」

這故事的台灣版本是「石頭湯」。二十幾年社會工作經歷，走到哪裡，都是在煮一鍋釘子湯。遇到了無數麻煩，說難也難，但說易也易，無非先把鐵釘投進去，再將自己抽出來。

當我看到竹塹大難臨頭，把自己投進去自然而然，但我定位明確，意在拉動。拉動恆春在地人，拉動關注歷史文化土地正義的人，拉動關心台灣歷史台灣未來的人。目標出自淯齊的需求，活動內容都是當地人自己完成。實際跑過一次之後，完全可以由淯齊和當地夥伴在地策應，外來人做傳播動員，讓愈來愈多的人來瞭解竹塹，加入保護竹塹的行列中。所有事情各歸各位，流浪漢收起鐵釘抽身離開，讓乞丐的歸乞丐，廟公的歸廟公。

之後流浪漢要揮一揮衣袖走人，卻又揮之不去。因為劃錯重點的不止媒體。

自從大陸民運人士寇延丁老師在台灣各處展開座談會，一時之間，很多人關注國境之南有一個一百四十年歷史的竹塹民宅……。家道中落、分崩離析的張氏家族，無力面對寇老師口中：「立法不公、行政怠惰、資本霸凌」的台灣社會，來自台東均一高中的學生、家長、老師等一群人，因為寇老師的演講，在母親節這天來到古厝，親手種下象徵竹塹的竹子。我問：「為什麼想要來古厝？」「因為我們想當『積極公民』，所以我們一直關注恆春古厝，希望可以做什麼，來讓它保存下來。」

寇延丁老師說的：「現在有一個中國人為你們的古蹟發聲，而台灣人想要把它劃平。」沒有辦法可以處理產權爭議嗎？有的！有沒有辦法可以雙贏？有的！但是需要很多台灣人站出來告訴政府。我真心希望未來大家來到恆春，仍然有一間古厝，可以跟你傾訴它的故事，然後你可以很自豪地跟你的外國朋友說，我是台灣人，這是台灣的文化。

這些文字摘自洧齊的臉書，發布時間是二〇一七年五月十八日，「竹塹恆春」植樹節活動之後兩個月。保護竹塹的事情餘波繚繞當然是好事，我說遺憾，在於洧齊也「劃錯重點」，不僅貼錯「民運人士」標籤，不僅包括被引用的其實不是我的話，更重要的是流浪漢的揮之而不去。

我能想像媒體和洧齊的處境，他們都需要找到報導的合適切入點，引出自己想說的話。洧齊引用的話明顯不是我的文風，如果說，「眼看竹塹不保，搞不懂為什麼一個中國人上躥下跳，台灣人卻能安之若素」，那才是我的調調。我確實說過「資本霸凌、行政怠惰、立法不公」，但還有一句「社會缺位」，一則指向台灣的社運組織及社會組織；二則指向公民參與缺失，包括恆春竹塹在地參與不足，以及洧齊個人發動的不足。「社會缺位」這點，他們視而不見。

乞丐廟公廟公乞丐　誰是誰的誰

我已經做了很多，不想被賦予更多。當初把自己當成鐵釘投下去，是想清楚、也願意承擔的，那時候如果沒有鐵釘，就不會有後來的一鍋湯；有些事情沒人承擔就會影響進程，我必須頂上。但在植樹節「竹塹恆春」活動之後，保護竹塹的事情雖然說不上瓜熟蒂落，也已經漸上軌道，流浪漢是時候收起自己的鐵釘再次上路。

「竹塹恆春」之後去台北一次。經過一個月的努力，保護竹塹的事情不僅有清晰完整的論述，也開始有了媒體關注，在張洧齊孤軍奮戰兩年之後，已經有愈來愈多的外部力量跟進，可以與在地公眾參與相輔相成。在這些前期工作基礎上，已經是時候拉動社運組織和專業人士。我開始在台北就竹塹的事請教社運組織倡導機構，另外預約了屏東縣文化處、環保局，預約立委，還曾經試著請朋友約開發商。

我們分析開發商的強硬態度，不僅出自資本傲慢，也是習慣使然。他們過往面對的力量往往是「反對」，反對開發、以叫停為目標，他們的立場就是硬碰硬，根本沒得談。為了預約開發方，我們甚至準備了一個非常簡明的極簡本方案，突出我們追求妥協共贏的訴求，讓公眾看到意義價值與可能性，也能讓開發方看到無礙完整的開發方案、妥協共贏的前景。好可惜，沒有約到。

五花八門的行程馬不停蹄，我必須在三月二十四日之前完成所有的工作，才能趕得上鎮瀾宮大甲媽祖進香的行程。

那一陣子，十天跑了七個城市，完成所有預定的拜訪，和三個城市的分享。竹塹有關的群組在植樹節活動後有一陣小小熱浪，是我樂見的。有的在討論土地開發兵臨城下的應對方案，有的在談產權收購或者信託基金，在網路群組裡談，也在約見面、約討論。

這時，煮鐵釘的流浪漢正在腳底板抹油準備開步走——不是比喻，真的是在腳底板抹了凡士林，這是長途行者預防水泡的基本配置，又要走路去也。

我不僅要趕下一次媽祖進香的行程，還忙裡偷閒跑去美濃，跟隨越野高人「旗月大縱走」（從旗山沿稜線走到月光山），又去大埔龍泉村採訪了一年前大獲全勝的土地抗爭靈魂人物鍾益新，等到寫這本書的時候翻看當時的紀錄，還發現聽了各種講座和各種拜訪，如此這般滿到快要溢出來的日程，不知不覺又恢復了奔跑著生活的節奏。

大甲媽祖遶境八天七夜，兩百七十公里，沒有搭車，全程負重，儘管已經腳底板抹油，還是走出了一腳泡。走完全程之後又是直奔高雄，四月三日，再去美雅店裡，出席洧齊召集的會議。

原來都是我和美雅在揪會，現在變成了洧齊，感覺好好。以前都是我和美雅約會拉人，這一次專門跑來洧齊召集的聚會，有點告別意味。

那天收購、信託、媒體、文資各種進展、各種議題一路各種聊，我則彙報這段時間北上各種拜訪聯絡台北資源的情況。美雅問：「這次聚會的任務是什麼？」召集人淯齊說：「分派工作。」

「我們要分派工作，誰來聯繫立委、誰來聯繫民代，誰聯繫推動媒體、誰負責信託基金，還有與他們聯繫跟進的工作，都明確下來，各自分頭去做。」咖啡館裡只有我們幾個，本來就不吵，現在更加安靜。淯齊繼續：「美雅和寇老師一直都說保護竹塹是公共事務，就不能把事情都壓在我身上。我太多工作要趕工，因為植樹節的活動耽誤了很多進度，我有家庭有小孩，有自己的生活……」

道理都對，話都沒錯，但大家聽聞此言，眼光都轉到了我的身上。

為什麼要看我？你們看我我看誰？不知如何跟人對視，我的眼神無處棲落，飄忽了一陣，最後落在坐我對面同樣也是專程趕來參加這個聚會的中國小夥伴臉上。乞丐廟公、廟公乞丐的，現在什麼情況？似乎這回要開步走的，不是煮鐵釘的流浪漢，而是廟公本人。

人生而平等　人是平等的嗎？

必須承認，因為保護竹塹，我開始害怕聽人講道理，或者說，既怕被人曉之以理，又怕動之以情。

台灣人學養好，旁徵博引，論述縝密，講話聲音溫柔，語氣和緩，彬彬有禮，不急不躁，就算是男人（不好意思說錯，他們自稱是「男生」），也很少像我這樣高調門、快語速，想到哪裡說到哪裡，相形之下，我會覺得自己話無出處、論述粗糙更像男人。本來聽人這樣舒緩有致，有理論有出處有依據穩紮穩打講道理是一種學習，也很享受。但是因為保護竹塹並在各種分享中提出參與的動議之後，感覺立即變味。總是「理屈詞窮＋不好意思＋一頭霧水」。

我講竹塹目的很明確，拉動關注，推動參與。總有人對我曉之以理，講來講去講去講來總而言之言而總之，所有的不關注、不理會、所有的不做和不願做，都有充分完備的理由。還會結合台灣講實際、擺事實，講政客失信、媒體無良，如何毀壞了大眾信任，講社會問題如何層出不窮，根本無暇顧及，同樣配套成龍環環相扣，最後通往自己不關注不作為事出有因……

我傻傻搞不清楚：這樣講來講去到底為了什麼？說一千道一萬，眼看竹塹就要被拆啦，你的道理再充分，把我說到啞口無言又怎樣？

也有人講道理的方式是提一大堆問題與顧慮，有經濟利益怎麼辦？被人利用怎麼辦？巴拉巴拉巴拉。我承認這些問題確實是問題，做什麼事都會有問題，公共事務本是眾人之事，你擔心出問題，那就用你的方法來杜絕這些問題好了。但現在的問題是你根本就不加入。彼情彼境之下，好像需要我或者張洧齊給出保證是他們參與的前提（我相信，即使有了這樣的保證，他們也不會參與，會返回到上一層）。面對這樣的問題我會有些暈：我們的目標到底是什麼？是為了對抗不義，還是為了不犯錯誤？

都說秀才遇上兵，有理說不清，現在我是兵遇上秀才也說不清。很清楚比拚理據邏輯保證百分百完敗，我試圖不在他們的語言邏輯裡打轉轉，既然有理說不清，沒理更說不清，那就不跟人講理，只拿自己做類比。說以我半百之年，一個中國人赤手空拳被拋落此地，隨便一個台灣人都比我更有資源有優勢，我可以做的，任何台灣人都能做。眼看竹塹就要被拆啦，那是你們台灣人自己的歷史、自己的文化，難道你們就不可惜嗎？

現身說法也不通。因為我面對的人同樣現身說法動之以情，講自己工作多麼累，台灣經濟形勢不好，工時長收入低，沒有時間陪小孩父母。聽多讓人會有負罪感，讓人對不起家庭父母小孩、耗人錢財毀人健康。早先朋友罵我真真忠言逆耳，心裡有一個小魔鬼蠢蠢欲動，也想跳出來罵自己：竹塹干我屁事，台灣歷史干我屁事。

還好我早就學會了讓自己的願望跟心裡的小魔鬼和平共處各安其位，該幹什麼還是要幹什麼。回到那天會議現場，大家的眼光都在打轉轉，一直轉下去不是辦法，我打破沉默告訴洧齊，我會繼續寫與竹塹有關的文章，也會繼續做前置工作，引介適切資源，也許大家還會分擔其他的工作，但我們能做的，僅此而已。誰也無法代替第一線的當事人，任何人都無法代替他承擔後果，不能代替他決策發言付代價。

都說人人生而平等，但實際上，人是不平等的。我們能說自己跟鄭南榕、林義雄承擔的責任是平等的嗎？總有一些人要負更多的責任。具體到現在的事情上，你必須想清楚：保護竹塹，是不是你的需求，是不是你內心深處的願望？如果是，那你就要認命。

類似的話，曾經在淯齊家裡說過一次。那一回，我們梳理他已經完成的工作，和我能做的事情，提到必須去台北做的各種工作，淯齊再三搖頭，他說自己四處借貸，經濟捉襟見肘，去台北不僅有花費，孩子小、家裡事情多走不開……，我知道這都是實情。

我在跟淯齊交流的過程中，會一再提醒自己不要過分推動，不要用自己的想法和需求代替覆蓋當事人，也經常與他溝通，確認到底是他的需求還是我的。我做推動者二十多年，這是一直都在面對的問題。

追求夢想目標　必須付代價

那次我明確表達了自己的動議，他沒有直接回應，而是講自己現實面臨的問題，於是我請他認真考慮兩個問題：一、這是不是我想要的目標？二、這是不是我想要的生活？

關於目標，洧齊非常明確，立即回應，是。但第二個也很快反應，立即搖頭。那就不要做。你可以選擇不做。

他又搖搖頭，開始說「如果」：如果有這樣那樣的人，如果有這樣那樣的資源，如果有這樣那樣的機會，我很快地打斷他：「沒有如果。」這個世界上，只有蘋果芒果開心果，但就是結不出「如果」。對推動者來說，所有的「如果」都是不存在的。保護竹塹，你是核心推動者，這個世界上誰都不可能代替。必須想清楚，你的願望是不是已經強到了足以承擔這樣的生活？

如果不是，那就盡早收手。如果是，如果那個願望足夠強烈，那就要做好準備，為之承付代價。

人，生而不平等，要學會讓現實生命跟自己內心深處的願望和解。為自己選定的目標，承擔責任，接受這樣的生活。

一定要想清楚，未必是歡喜選，但也要甘願受。

你這麼做，得到了什麼？

從我走進竹塹，結識洧齊一家人，到這個會議恰好兩個月，實事求是地說，這段時間裡，為竹塹投入最多的人，除了洧齊，就是我。我跟數不清的人談保護竹塹，無數次面對這樣的問題：「你這麼做，得到了什麼？」

做回我自己。

這是一個非常自私的原因，我必須讓自己活得心安，才能睡得踏實。為了這件事，看上去我投入很多，但獲益更多，我是此中獲益最大的人。

在中國也曾無數次面對這樣的問題，被抓之後，審訊者問我：「你到底圖什麼？」對他們來說，貪汙盜竊搶劫強姦都容易理解，不必追問為什麼，反倒是我這樣的活法讓人不解，甚至在他們來看是危險的，背後一定藏著什麼不可告人的可怕動機。

但對我來說，從事社會公益事業二十幾年，一直對自己的實作能力和行動手感沾沾自喜，在行動中，找到了從事社會觀察的獨特視角。我說出來的，就是我頭腦中的人生願望，也是現實生活中的所做所為。

人的生命是為願望服務的，我知道自己是誰，想要什麼樣的未來，而且一直在付諸行動。生命角色和人生目標、現世行動一致，怎麼想，就怎麼說、怎麼做，從裡到外高度一致，活得一點都不糾結。可以有困難、有傷痛，但沒有困擾。一直都在面對困難，各種摔跤碰壁栽跟頭，但麻煩再多，都知道自己是誰、要做什麼。

但在台灣，我失重了，不知道自己是誰。在別人的關照裡，在別人的土地上，我是飄忽過客，在別人的社會運動中，我只做壁上觀，明明是個大活人，但活得像個幽靈，在這辛香熱辣五味縱橫的生活裡，我其實是不存在的，沒有自己的位置。

因為保護竹塹，讓我在他人的土地上找到了自己的位置。重新擁有充實忙碌的生活，有挫敗有收穫有目標有壓力有活力，累並快樂著，腳踏實地成為現實生活中的一員。對我生命帶來的直接效益是：我又能睡著了。

作為一個觀察者，因此找到觀察台灣社會的切入點，讓我認識當下台灣。

此前我對台灣的瞭解，多從書本裡、採訪中得到，在與社運人交流裡積累。那一個台灣，其實是台灣的歷史。現在因為投入保護竹塹，親身體會到的一切，是台灣的當下。這兩個台灣不太一樣，瞭解這兩個不同的台灣，對我來說，同樣重要。

我帶著強烈的中國本位，要為自己、為未來尋參照，就要瞭解這兩個不同的台灣。

因為親身參與保護竹塹，看到了最重要的問題，不在政府也不在企業，而是社會失去了推動社會進步的力量；也在實際參與中，觸摸到了創造改變的可能。這些又與我在中國的實踐和觀察貫通起來，原來，前民主時代的中國人和後民主時代的台灣人，面臨的是同一個議題：建設社會。

一直害怕面對讚美、感謝，對「奉獻」、「犧牲」一類的詞過敏。我只是個自私的人，要為自己的生命找解方。參與其中，保護竹塹，我賺到了。那些不管不顧的投入是有回報的，不僅是個人生命的解方，也是在探索一直追尋的社會問題的解方。

下篇

禮失求諸野

走着瞧

一個人在路上
最怕那樣的感覺
只是感到憂傷
卻不知為了什麼
只是感到疼痛
卻不知傷口在哪裡

噢！多麼孤單的
我的孩子

一個人走在路上
風起時輕喚自己的名字
挺直腰抬起我的頭
把雙手插進自己的衣兜

噢！多麼勇敢的
我的孩子

上篇為了把竹塹故事講得連貫，在依時間序表述的時候，我跳過了一個重要的日子：三月十九日。

二〇一七年的三月十九日下午，我正從南澳趕往新竹，接到朋友問訊：「一位社大工作的朋友李明哲，前民進黨黨工，今天從澳門過境進入中國，已經失蹤四個小時了，怎麼回事？」

我立即回嗆她：「我怎麼知道怎麼回事！肯定不是被我抓的，幹嘛要來問我？」

不怪我脾氣大、修養差、說話沒禮貌，只因為她曾經說過台灣人不會有事。事到臨頭來問我，顯然她知道是怎麼回事。

《敵人是怎樣煉成的》在台灣出版之後，我一再對台灣朋友們說：「不要以為只是我這個倒楣蛋的事，這是每個人的事。這不僅是中國人的事、香港人的事，也是台灣人、所有人的事。」

「我們是台灣人，不會有事。」——台灣人好像聽不懂我的話，好像我說得還不夠明白。

受不了這種話裡散發著的鴕鳥氣息，但是像我這樣烏鴉嘴也確實不討人喜。只好轉過頭去不再糾結那些鳥兒們的事，專心專意走我的路。但是我也清楚，就算我不說，那個讓我萬劫不復的「國家安全」，依然劍柄高懸，就算把頭埋進沙子裡變成鴕鳥，也不會放過你。

抓我是偶然，抓公益人必然，只要「顛覆國家」這樣的罪名在，只要「國家安全」維穩思維在。抓李明哲是偶然，但是抓敢於發出不同聲音的人殺雞儆猴是必然，不管你是台灣人還是什麼人。

同樣是「國家安全」這個高深莫測的罪名，同樣是離奇失蹤、人間蒸發，都跟我當初一樣。在中國人間蒸發的人很多，世界不知道他在哪裡、正在經受什麼，其實，就連被關押一百二十八天的我，也不知道自己在什麼地方。

此前也有台灣人被抓，大多選擇了沉默，只要人平安就好。但這次不一樣，三天之後，李明哲的太太李淨瑜開記者會高調救夫。李明哲失蹤十天之後，國台辦承認抓了李明哲，但不知道人在哪裡，沒有律師會見，沒有家人探視。即使是在中國，也依然有「七〇九」家屬拚命抗議，這種事情落到台灣人頭上，早已經習慣了民主法治的台灣人會怎麼樣？

居然有人說：「李明哲活該！」

第一次聽到這樣的話我有點懵，搞不懂說話的人真傻、還是假傻、還是裝瘋賣傻？看到一位在台灣從事人權工作的朋友發文：「幾次搭計程車閒聊的經驗就是，從不同面向（說起），但一致認為李明哲活該。」再後來聽得多了，也就不再大驚小怪，但還是受不了有人指責李太太高調救夫別有用心。

李太太的記者會後，一片罵聲居然來自台灣人，說她這麼做是為了「出來選」。我暈。救人救命的當口，居然說這個！出來選，是法律賦與台灣人的權利，這種法定權利居然會拿來罵人，真是讓人大開眼界。居然還有人跟帖附和。我活活傻掉：選舉自由是台灣人的權利、言論自由也是。多少前輩為之付出代價、甚至犧牲生命，是讓人這麼用的嗎？

更可怕的是自我審查、自我監禁。特別怕人說「如果李明哲不××就不會被抓」。類似的話，審訊我的人說過無數遍：「如果你不××，我們就不會抓你。」這種說法不僅喚醒了我受審時的感受，也讓我意識到，「國家安全」製造的恐懼，已經有效控制台灣人，讓他們在恐懼之下自我審查。不僅是自我審查、自我監禁，把自己變成了恐懼的囚徒，也成了審查他人、監禁他人的看守。

讓我更加想不到的，是台灣媒體、台灣人的漠然。儘管有李淨瑜和救援組織一直在努力，但是李明哲還是被迅速遺忘，李明哲被抓之後，臉書上看到很多人都在轉發聲援消息，目標是「萬人連署」，當時覺得怎麼可以這麼悲觀，目標訂這麼低？後來才知道是我太樂觀，一萬人的目標並沒有達成。

四月十九日，李明哲被抓一個月，台北有個活動，以為會被媒體塞爆，去了之後驚異發現，連我在內只有十七個人，媒體就更別提了，主流媒體沒指望，網路媒體和個人媒體上的新消息也屈指可數。到了四月底就更安靜，一條新消息都沒有；再搜尋李明哲的名字，最新一條消息來自香港人林榮基，他在接受採訪的時候，呼籲台灣人不要忘記李明哲。

幾天之後，林榮基去美國國會時，手裡拿著李明哲的照片，請美國人幫忙解救李明哲。然後，提到李明哲的名字，新消息來自我的文章。沒有想到，李明哲幾個字，在台灣人這裡石沉大海，反而是香港人、中國人，皇帝不急太監急。

這一年走了很多路，做了很多事，回顧這一年寫下的專欄文章，有兩個主題超過十篇，一個是竹塹，一個是李明哲。如果說，上半年的中心是竹塹，下半年的中心就是李明哲。李明哲被抓，提醒台灣人要看到中國、瞭解中國，為此我在二〇一七下半年曾經有過一次單車環島，一路作了三十幾次分享，「看看中國，想想台灣」。

我與李明哲素昧平生，拜「顛覆國家」所賜，享有一個共同的罪名。為李明哲發聲和保護竹塹一樣，首先都是為了自己，治療我自己。我要從恐懼裡走出來。否則，不管人在哪裡，都是囚徒。

下篇　禮失求諸野

專政機器在
人身上留下的烙印

更可怕的是自我審查自我監禁。
不僅是自我審查自我監禁把自己變成了恐懼的囚徒，
也成了審查他人監禁他人的看守。
最可怕的不是被抓被審，也不是那些屈辱，而是自我囚禁。
就算整個世界都被恐懼扭曲變為牢籠，
也不能甘於恐懼、並自我囚禁。

我曾經用一本書的篇幅解讀恐懼，《敵人是怎樣煉成的》講過的跳過不表，只說獲釋之後。

二〇一五年二月十四日，終於走出牢籠，妹在我身左，哥在我身右，這是幽囚一百二十八天之後第一次和人在一起。

走出派出所，我們上了計程車，妹坐我面前，哥坐我旁邊，離警察愈來愈遠，離家愈來愈近，以為我終於自由了。但是我錯了。

妹問我這段時間都是在哪裡？家人朋友上天入地瘋找，但連人在哪裡都不知道。

「我也不知道自己在哪裡。蒙著頭套進去，又蒙著頭套出來，審我的人說，那裡是中國的關塔那摩……」

我的話被哥嚴厲的眼神打斷，那眼神像車窗外零下十度的嚴寒一樣冰冷刺骨。至親的哥哥秒變看守——我敢說自己自由了嗎？

哥先是用眼神制止了我，又極其緊張地瞟一眼前面的司機；哥是我的看守，司機是哥的看守。

我只是從一個狹小的牢房換到了更大的牢房，誰都可能是我的看守。我是所有人的囚徒，同時所有的人又都是囚徒——恐懼的囚徒。

在裡面我扛過來了，沒有崩潰。出來陷入長久的抑鬱，徘徊在崩潰邊緣。他人即看守，人人即看守。我們都在牢籠裡。

我用漫長的時間自囚深山，陪伴自己，舔舐傷口，試著面對、辨析，面對我生命的歷史、面對中國民間公益的歷史。驚見恐懼與生俱來，甚至是在我出生之前，就被深植於生命的源頭、鏤刻在父母的生命裡，並將代代相傳。無所不在的恐懼，無始無終。

我用寫書辨析我的恐懼、我們的恐懼，三個代表（江澤民提出的國家方針）的恐懼、這個國家的恐懼，看到了一個在恐懼中向下螺旋的輪迴。我們還有沒有跳出輪迴的可能？

我用自己的書寫辨析恐懼，試圖醫治自己、斬斷輪迴，但這本書又成了恐懼的源頭。我帶著書稿去遠方，從遠方逃往更遠的遠方，但恐懼如影隨形，或者說，恐懼總是先我一步到達，讓人躲無可躲。

我到了遙遠的香港，一聽我的書名，對面的朋友就會下意識地壓低了聲音回頭張望。二〇一五年銅鑼灣事件大抓出版人，到現在還有人羈押在中國（含瑞典籍書商桂民海），天威無遠弗屆。我面前的人不曾被抓，但同樣囚於恐懼，不僅自我囚禁，也一再問我：「再抓妳怎麼辦？」

我的一切都是透明的，走走路寫寫書而已，沒理由抓我。

「妳一直這樣，上一次不就抓妳了嗎？」

原來，上一次抓過我就是理由？那就更加不用操心理由。

比死還可怕的　是自我囚禁

我到了更加遙遠的台灣，終於出版《敵人是怎樣煉成的》這本書，依然還要面對同樣的問題：「再抓妳怎麼辦？」——不求依法治國，只求依法治我。我不逃跑不襲警不拒捕，老老實實給他們抓，但這一次不會老老實實給他們關，必須通知家人見律師。

「還是不讓，怎麼辦？」——我會絕食，絕水絕食。

「知道後果嗎？」——我查過了，最多七天，運氣好的話，四天就夠了。絕水絕食，人不會活過七天。

「不要以為他們在意妳的死活。」——我知道他們不在意，但我在意。不能活出尊嚴，死出尊嚴也不錯。武俠小說裡常有受過奇恥大辱的人孤注一擲生死鬥，明知打不過，還要以命相搏。不為打贏對手，而是為了打贏屈辱。

「他們不會給你機會，但有的是辦法讓你更屈辱。」

這話輕而易舉地戳破了我。其實我是知道的，如果要我死，從躲貓貓到睡夢死，死法不用我操心，只要不許我死，求死亦不可得。我早就知道，但不願面對。辨析那種以死相搏的願望，還是源自內心深處的恐懼，害怕面對那段鏤刻在生命裡的屈辱。

看上去我視生死為無物，是因為有一層比生死更深重的恐懼。只要這恐懼在我心裡，逃到天涯海角也枉然。

最可怕的不是被抓被審，也不是那些屈辱，而是自我囚禁。

就算整個世界都被恐懼扭曲變為牢籠，也不能甘於恐懼、並自我囚禁。

恐懼無處不在，也要在不正常的世界裡過正常的生活。不管是在遙遠異鄉做回行動者，還是為李明哲發聲，都一樣，我以此面對自己的恐懼，要醫治自己，就必須跨過恐懼這道門。

被抓對我而言，是一場修煉，在與世隔絕的狀態裡，被推到恐懼至境是一種特別的機緣，幫助我想清楚了一些事情，逼我去做生命裡最根本的功課：面對自己。知道恐懼在那裡，知道對自己的影響，試著辨析它在自己生命裡引發的反應，遵從內心的聲音和價值判斷付諸行動，就像那些恐懼不存在，就像那些限制不存在，用自己的行動，來消解它。

台灣躲無可躲的宿命

面對，是個好難的功課，付諸行動，更難。

人是會為自己選捷徑的。

獨立書店是台灣美麗的風景，在這裡邂逅了很多超棒的講座。二〇一七年四月二十一日台東晃晃書店的演講，主題是「二二八事件追問的台灣史問題，一九四七年前後的國際局勢與台灣政府」。台東不是文化中心，感動於這個話題有那麼多人到場，從白髮長者到高中生，人多到坐不下。《重構二二八》作者陳翠蓮教授，揭開了一段我不知道的台灣歷史，用平靜的語調，問了一個殘忍的問題：每個台灣人都知道美國是我們的朋友，但是，如果將「美國的東亞政策」、「美國的對華政策」、「美國的對台政策」做重要性排序的話，美國人會怎麼排？

一言既出，舉座寂然無聲。這個問題，以及這個問題背後的東西，誰都不願面對。

抓捕李明哲，同樣是一道殘忍的考題。

用到殘忍這個詞，首先是對李明哲而言的殘忍。

「專制者的監獄是摧毀柔弱肉身的地方，開不得玩笑。我擔憂專政機器殘酷地在他們的肉身上烙下傷痛烙印，又堅信他們能夠在審訊中保存自己，感動具體的對手。」我被抓後，朋友聲援文章中有這樣的內容。在審訊中「感動具體的對手」，確實如此，相信李明哲也一樣。但是，能不能保全自己，則沒那麼簡單。

我自認是個幸運者，僅僅被關一百二十八天，就從六十公斤級選手變成了五十，人權律師李春富錚錚鐵漢精神分裂，看看維權律師李和平、謝陽被抓前後的照片，就知道監獄是多麼磨煉人的「減肥聖地」，我不擔心對李明哲會像對維權律師高智晟那樣大打出手，但各種精神摧殘同樣可怕。專政機器在人身上留下的烙印，太過慘痛。

曾經有朋友在美國與一位曾因六四下獄的中國留學生喝咖啡。他們並無深交，聊的也都是雲淡風輕的話題，對面的人卻突然崩潰，在安靜的咖啡館裡放聲大哭，只是反覆說：「共產黨，我恨它一輩子！它讓我瞧不起自己。」

這一次，台灣人被推上了考場，不僅僅是對李明哲個人生命的殘忍考驗。李明哲是不是活該，不僅是對是非正義道德勇氣的考量，也關乎台灣人自身利害研判，是智力判斷。

《敵人是怎樣煉成的》出版後，有台灣朋友問我：「為什麼妳不能忘掉過去，安安穩穩過平常日子？」我無法忘記，只能面對。唯此方能安撫自己的心靈，讓生命走出噩夢，重獲享受美好的能力。無干道德勇氣，是利害研判，否則我永遠無法得到安靜、無法安眠。

自從被抓那一天起，我就被關在聚光燈下面對拷問，沒日沒夜永不停歇。那是我生命裡的修煉，我必須面對。其實，拷問一直在那裡，不因被抓而始，也不因被放而終。只不過這次被抓的拷問，讓我明確了自己被抓之前所做的建設社會的選擇是正確的，這拷問也是一個修煉。

寫書是我療癒自己的修煉，也是與人溝通的修煉。讓人看到中國的危機、也看到艱難生長的公民社會，看到中國的社會組織建設社會的努力。這個修煉，至今仍在繼續。

說什麼道德勇氣、什麼智力判斷都不重要，重要的是我們終歸躲不開，要面對共同的未來、共同的危機。我已經遠走千萬里，走到了天之涯海之角，但「國家安全」無遠弗屆照樣籠罩在我頭頂。它在那裡就是在那裡了，以為你是台灣人就能例外嗎？

「黃禍」威脅籠罩世界

「不瞭解中國，不符合台灣人的利益。」對任何人都一樣，中國因素無所不在，不管是強大的國家機器還是不可抗拒的經濟力量，還要看到另外一種威脅：中國崩潰的威脅。

我一直推薦台灣朋友看一本一九九一年台灣出版的小說《黃禍》（至今仍有再版發行）。這本政治寓言小說的書名《黃禍》，與這個詞的出處「黃禍圖」（德國版畫作品〈歐洲各民族，保衛你們的信仰和家園〉）有些微不同，小說裡描寫的是數以億計中國難民湧向世界，黃禍席捲一切。

這本書以對中國社會政治矛盾交織的獨特分析為脈絡，虛構中國的末日圖景，政治勢力互相傾軋、國家崩潰、道德淪亡、社會失控、中國國內矛盾激化導致內戰、導致台海衝突兩岸核戰爭，人民大規模外流、「黃禍」危及全球、世界陷入絕境。

中國一旦崩潰，「黃禍」湧向世界。雖然《黃禍》是小說，我卻無法用「虛構」安慰自己。作者在二十幾年前寫出的中國政治、經濟、文化、道德的全面危機，怎麼看都是當下的現實。不論是高層權力鬥爭、軍隊鷹派的威脅，還是環境災難、豆腐渣工程，或是經濟發展不平衡引發系列問題，從「氣功大師」到巫權政治，所有的「虛構」都在現實中歷歷在目。

我想提醒所有關注中國未來的人都來看看這本書，特別是台灣人，不僅是因為在書裡，兩岸核戰爭讓台北化為焦土，就算沒有這樣悲劇，這灣淺淺海峽也無法阻擋中國崩潰後數億難民的衝擊。

《黃禍》在台灣已經再版二十幾次，也是中國盜版書攤上的長銷書，作者說：「只要中國的未來還不確定，崩潰就始終是無法排除的前景之一，《黃禍》也就總會有讀者。」

李明哲事件與無感的台灣人

抓李明哲是偶然，但「國家安全」對台灣人的威脅、中國崩潰對世界的威脅是必然。我們總要面對，不用這種方式，就將用更被動更倉促的方式。

「今天的分享，與李明哲有關。先問個問題：你們知道李明哲嗎？」二〇一七年九月，李明哲電視公審不久，我的問題提出之後，某所大學的教室裡六十多人，只有兩三人舉手，經過老師提示啟發，又有幾個，我數了一遍，又數一遍：五個。台下年輕的臉，一臉茫然。

同樣的內容，我在文章裡一寫再寫，並在分享中一講再講，不止一個年輕人跟我說，「不是我們不想瞭解、不想面對，而是我們不知道。」我說自己講的內容都寫在文章裡了，文章都是公開發表的，連結請見……，年輕人咧咧嘴笑笑：「風傳媒耶」、「那個是藍的啦」、「我們是綠的，不看那個。」先貼一個顏色標籤，然後排除。明明有言論自由、有自由選擇的權利，但卻運用這種權利為自己選擇了不自由。

「這個世界變得更好或者更糟，取決於百分之二十的人，永遠不要考慮那百分之八十，他們永遠都是被動的。這個世界變得更好或者更壞，永遠取決於願意付出代價、做出改變的少數人。」這句話被我多次引用，出自我敬重的中國行動者、亦師亦友的梁曉燕。

總有人說我們勇敢，但反過來想一想，那些選擇了什麼都不做的人，才更叫勇敢——把自己的命運交在別人的手裡，以別人的選擇為選擇，用自己的生活為別人的選擇承受結果、付出代價。

李明哲事件之後，失望於台灣人的遺忘與無感，我做了一堆分享、寫了一堆文章，對別人有沒有效果不清楚，對我效果顯著——我的失望變成了絕望。

在某處的一次分享中，有人問我怎麼辦？「至少可以在聲援李明哲的網路連署中簽名，還有更多網路資源，可以索取免費明信片，不過舉手之勞，也沒什麼危險。」但那位仁兄先是旁徵博引論述古今中外比對，聽了十幾分鐘我沒弄清楚他到底想說什麼，只好出言打斷，說我覺得李明哲被抓，台灣人不能袖手旁觀。再把自己剛才的話重複一遍，他又開始講台灣的無良媒體、劣質政治是如何敗壞了公眾信任，又聽了十幾分鐘，我又打斷了他的話，第三次介紹連署連結，他又講現在已經有太多社會問題、有太多連署資訊，而自己的時間又是多麼的寶貴。

直到現在，一想起來就佩服我自己，當時居然能夠忍住了沒有去撞牆。聲援李明哲的網路連署只需幾分鐘，但您已經花了三十分鐘，又害我和十幾位聽眾分別賠上三十分鐘——這樣的人，在我看來，那才真叫一個「勇敢」。

選擇了什麼都不做，把自己的命運交給別人，不僅從容淡定任人宰割，還能為這樣的活法找出那麼一堆理由，這種勇敢，糊塗到令人髮指。

恨與恐懼　割裂台灣

一直對台灣前輩走過的路心存景仰，林義雄在血案十年之後，重返家人罹難現場，說出「愛與寬恕」。這不是四個字，是一種境界，是台灣社會的資產，每個身在其中的人，都從中受益。在思考社會問題、付諸行動的時候，這句話一直是砥礪我的標尺；在牢獄之中，在身體和精神狀態最為低落的時候，這是我的支撐。

生活在前民主時代，很多中國人寄望於「民主」，似乎民主化就像「公主與王子結婚了，從此過上了幸福的生活」。但這不是電燈開關，咔嚓一聲說變就變，民主化是個漫長的過程，跟我們每一個人有關係，與當下具體事件有關，建設社會是根本。我從前民主時代的中國，一下被投放到後民主時代的台灣，發現前民主時代如此，後民主時代仍然這樣。

我對台灣的社運組織，一直懷有一種發自內心的敬佩。為給「可操作的民主」第三部《沒有老大的江湖》做準備，看歷史、查資料，在台北拜訪社運前輩，八〇、九〇年代的台灣社會運動可謂輝煌。那個開天闢地的年代，運動議題遍地開花，每一個組織都戰力十足，組織之間的合縱連橫極其普遍，不止一位前輩說過，那時候聚集之頻繁、之簡單。

那是沒有手機的時代，但效率超高，社運動員迅速，合作成本非常低。下班前打個電話說一聲「今晚濟南路教堂集合」，就能集聚二、三十個組織，散開的時候，一個合作案就成形了，分派任務回去各自行動。幾乎條條戰線都能看到從基層動員到修法變革的成果，那段歷史讓人覺得很熱血。

但在現實中，卻看到了太多的「恨與恐懼」。被恨割裂、被恐懼扭曲，對國民黨的恨、對共產黨的恐懼。遇到問題，很簡單，都怪萬惡的國民黨，萬惡的共產黨。當然，不論國民黨、共產黨都是全能演員，所有的壞都可以在那裡找到原因，至少能掛上聯繫，把問題歸結於它們不解決現實問題，但可以解決自己的問題：不必面對自己。

二〇一六年走出牢獄之災再來台灣，發現台灣真的變天了，我指的不是蔡英文當選，而是柯文哲。台北市長易人，就算不提就職演說中「開放政府、全民參與」的承諾，首都市長，兵家必爭之地，居然被一個政治素人拿下。沒有滿街跑的競選廣告，也沒有遍地招展的旗幟，無黨無派，第一次參選就凍蒜，不是柯P臭屁，在開放社會中，這是標誌性事件。

孫悟空變成禁衛軍？

我對再一次政權輪替後的台灣，帶著很多先入為主的美好期待。阿扁當選後「社運低迷」，台灣公民社會已經交過一次學費，應該不會重蹈覆轍，沒有想到這次聽到的是「社運失血」。不像我們因為政府打壓，問題出在社運組織自己，不止一次聽到「我們執政了，要給民進黨時間」這類話。請注意，說這話的不是入閣變身的政府官員，而是「現役社運人」。

「我、們？」

對社運人士、社會力量來說，與國家機器、第一部門之間，存在「我們」嗎？「我們執政了」是不是說，孫悟空變成了禁衛軍，不再大鬧天宮，而是御前帶刀行走？這種話，怎麼聽，怎麼怪。

「我們」是誰？如果說我們，是基於社會需求進行社會動員、應對社會問題的基層組織，職志在於組織社會，那麼，「我們」就是永遠的第三力量，是政府體制和企業資本之外的第三方，對於這樣的一個「我們」來說，永無「執政」之日，永遠在野，永遠與不平等不公正站在一起，是永遠的不同意見，永遠的反對派、監督者。

民進黨當年，確實參與農運、工運、環保、性平、消保、教育、食安，做了很多事情，但並不意味著社運組織與這個黨自此綁定。讓我景仰的台灣社運怎麼了？與國家機器政黨政治近了，離社會問題公眾需求遠了。社運人士入閣不奇怪，在朝言朝，也不奇怪。奇怪的是明明在野的社運組織卻與政府體制你儂我儂。

二〇一七，小英執政第二年，對民進黨的批評一浪高過一浪，我倒不是太有感覺，如果說我有什麼批評的話，從來都是指向民間的。推動社會進步的力量不是政府也不是企業，在民間、社會，過去幾十年一直是台灣的社會運動在推動政府改變社會，實現公平正義，台灣社會的活力來自公民社會。「可操作的民主」要在這裡寫第三部《沒有老大的江湖》，要寫台灣的社會運動和社會組織，「選錯題材」的感覺讓人覺得很挫敗。

後民主時代如何深化民主？社會運動的活力在哪裡？禮失，求諸野。執意離開台北、離開學者圈、媒體圈、社運圈，我要腳踏實地行走台灣看民主，在親身參與中體會台灣民主。保護竹塹，給了我這樣的機會。

換一種眼光看社運

保護竹塹，我訴諸公論，發動社會參與，指向廣義的第三部門。不管在哪裡，在中國還是在台灣，走的都是這條路。

當我親身參與到此時此地的行動之中，有感於社會缺位，怎麼會是這樣？這是台灣吔！台灣有悠久的公民抗爭傳統，有豐富的社會組織生態，為什麼看不到他們？那麼強悍的社運組織、社運力量哪兒去了？為什麼在保護竹塹的行列裡，看不到他們的身影？

洧齊一再追問台灣政府怎麼了？洧齊的遭遇和他的追問讓人思考：民主化之後的台灣怎麼了？

一直認為，民間團體社會組織才是維護社會公平推動社會前進的力量，政府公正有效不是天生的，而是被社會力量推動的，台灣歷史恰恰印證了這一點。在自由民主的台灣，有過那麼輝煌的社運經歷，為什麼保護竹塹這麼一點事，讓我看到了那麼多問題和不足？

立法不公可能侵害到任何人，台灣文化、土地正義與每一個人都有關係，總不能說我參與保護竹塹是選錯事情，我用親身參與做社會觀察是選錯樣本。

永遠都會有人罵政黨虛偽、政府怠惰、企業無良，我覺得這很正常，甚至經常說，這是被慣出來，被我們自己慣出來的。不論誰組黨，都信誓旦旦宣稱自己立黨為公，代表多數人利益，是個偉大光榮正確的黨，不管誰當政，都言之鑿鑿執政為民，只有自己才能讓百姓安樂、社會公平，包括企業，看看他們的成立宣言，公司文化也都是服務民生、造福地方、仁義誠信，說得比唱得還好聽。

我不關心他們是不是有意欺世盜名，更願意追問或者設想：如果有活躍的第三力量會怎樣？如果積極公民社會組織豐富活躍，動員公眾建設社會、制衡權力、問責政府、監督企業、參與媒體、影響輿論，無處不在，不管是政黨、政府還是企業，就會有所顧忌，會讓自己的行為看上去更貼近自己標榜的樣子。管他是真心實意還是虛情假意，社會組織愈活躍愈有力量，就愈有可能讓那些「好」弄假成真。

當下台灣社會組織的成熟和豐富程度，不用說，讓中國人望洋興嘆，比照當初走街頭的時候，也都鳥槍換炮今非昔比，但卻不復擁有社運黃金年代披荊斬棘一往直前的活力。

原來，作為一個採訪者寫作者探尋台灣社運，我看到的是推動社會進步的輝煌歷史。當我成為一個行動者體會台灣社運，發現他們條件好了、力量大了，但沒有將這種先天優勢用足用透，用於推動社會進步，甚至社運組織已經成了一個權力系統，變成了權力結構的組成部分，阻滯公正、妨礙公平。

台灣幾代人投身社會運動，已經完成了台灣社運組織和 NGO 職業化專業化普及化，社運人在運動中建立自己社會網絡人際關係，組織之間常見「交叉持股」，幾個組織經常聯袂出現，分工負責各有側重，配合默契，這是台灣社運幾十年積累下來的巨大資產。但也會遇到這樣的問題：知道某某和某某關係很好嗎？知道。下一句：如果你得罪了一個，那麼就是同時自絕於這幾個組織——社運資產的另一面，還有這樣的負資產。

當然也有這樣的狀況，接到善意的提醒，提醒行動之前要想好在兩個大咖之間選邊站隊，因為他們積累了這樣那樣的恩怨情仇，已是王不見王，有他無我。

社運負資產還不止於此。很多小機構唯某些大咖馬首是瞻，因為「濁水溪以南，幾乎所有項目評審，他都是當然評委。他們已經成了輸送政府資源、承接政府標案的主要管道，沒有人會跟資源過不去。」台灣社運怎麼了？不管社運人在「我們執政了」之後身在何方，不管他們是不是進入官府，成了官僚體制裡的組成部分，很多時候，社運組織自己，也成了新的權力系統，有了分配話語權力和現實資源的規則與潛規則。

開發方怪手　首度突襲竹塹

二〇一七年五月十九日，開發方趁洧齊一家外出的時候強拆，怪手進入，破壞竹塹。隨後洧齊逐日公布抗拆紀錄，宣示守護家園誓死抗拆。洧齊變成了一個戰士，手拿大聲公組織陳抗，對社運組織民間機構也更開放更主動。企業各種攻勢一波接一波，勢在必得。洧齊也愈來愈堅定明確，用盡了各種辦法。事在人為，我總是對人的努力持樂觀態度，覺得真正的轉機就要來了。

六月十六日，洧齊再一次召集大家在高雄開會。會前洧齊通報自己會遲到半小時，電視台正在跟蹤報導，要先在高雄拍訪談，第二天再去拍實景。會後我搭洧齊的車離開，他接了一個電話，幾乎一直在重複一句話「對不起」，間或有一句解釋「那張照片確確實實不是我提供的，而是他們從網路上抓取的」。不斷道歉的同時，洧齊減速，後來乾脆在路邊找地方停車專心接電話，那個電話接了二十幾分鐘。

對方終於發洩完畢，電話掛斷之後，洧齊並沒有立即發動車子，一動不動沉默了好一陣，然後告訴我，剛才的電話是某社區大學祕書打來的，此前《聯合報》對竹塹抗拆的事情作報導時，用了一張該社大在張家古厝舉辦民俗體驗活動的照片。「你們都說我應該找在地機構，應該做社區動員，應該去找社區大學，我不是沒有努力，想盡辦法拉他們做活動。但是，僅僅因為報紙用到一張照片中有他們，還不是我提供的，結果他們就炸了，非常生氣，一而再再而三指責我，說我這不對那不該，有可能影響到他們跟政府部門的合作。」

我不太明白，請洧齊把合作說清楚一點，直接說，就是影響他們拿政府標案，從政府手裡拿錢。「他們很生氣，當然我也可以生氣。我不僅不能指望他們與我站在一起做文化保護、做社區動員，還得給他們賠禮道歉，說我不該影響他們跟政府的關係。他們可以跟我生氣發脾氣，但是我不能跟他們生氣，我必須一再跟他們道歉。」

如果說，社運人入閣讓台灣社運組織從孫悟空變成了禁衛軍，那位打電話的人，差不多就是黨衛軍。不參與不作為，已是枉對社運組織宗旨理想，對社會對公眾失信失職，僅為蠅頭小利如此對抗爭者大加撻伐助紂為虐，這樣的社運組織怎麼了？

誰的牢籠、被誰囚禁？

我在追問保護竹塹社運缺位的原因，但有朋友分析，說原因出在我身上。恰恰因為我做了太多才會影響參與：因為我「身分敏感」——我不能認同這種理由。

以保護竹塹為例就事論事，這麼說不符合事實。危機在先（始於二〇一四年底），我參與保護在後（二〇一七年初），恰恰因為竹塹命懸一線，抗爭山窮水盡才衝進來。如果保護竹塹的事情像二〇一六年屏東龍泉抗爭農地設廠一樣，在此前就已經圓滿結束，那我頂多是一個採訪者。即使是後灣保護陸蟹一樣正在進行時，我也只是同步旁觀。

另外說到「身分敏感」，怎麼在台灣也會有這種說法。拜託！被抓被關的人是我好不好，明明我出來了該做什麼做什麼，而你們，遠在千里萬里自由之邦的台灣人，如此這般一往情深與三個代表保持一致，也太自作多情了吧。我出來了，你們卻「進去」了。

當我經歷被抓之後再來台灣，在台北就發現原本熟識的一些NGO同道，態度有微妙的變化，有人小心翼翼保持距離「不要說是我們在幫你」，如此這般與中共中央保持一致，讓人無語。

被關過的人出來了，你們卻進去了。尤其可悲的是：不是被人抓進去，是自囚。

我一直感嘆保護竹塹看不到社運組織，一再追問他們在哪裡啊在哪裡，現在答案有了，他們在牢裡。

「社運組織在牢裡」，這個想法一跳出來，立即解開我心中許多的「結」。台灣社運確實在牢裡，而且，這個囚籠，不是別人給的，是自己建的。

這個囚籠，叫「官府」。他們進入體制變成「官」。當官不可怕，可怕的是屁股決定腦袋，讓自己站在了公平正義的另一面。

這個囚籠，叫「中國」，既是指事關「身分敏感」，自覺與中共中央保持一致自我監禁，也是指一些風生水起的組織，會驕傲地說他們在中國去了哪些地方，與哪些組織哪個政府有合作，在做幾萬幾十萬人民幣的項目，用中國價值標誌自己，用中國的標準作為標準。還是指遇到問題的時候，盡可以把原因打作一包，推給中國。

這個囚籠，叫「歷史」。在歷史裡，他們在街頭、在抗議現場，在組織公眾動員社會的第一線，在串連社會資源拉動參與，從基層動員到修法執行政策監督，一代社運人把這個領域當成自己一生志業開天闢地，艱苦年代裡為了活下來，彼此照應互相支援，社運組織交叉持股，彼此支持聲氣相通，但是時日已久，這個領域又變成了他們安身立命的飯碗，歷史變成了千絲萬縷的人際關係、親疏遠近，甚至居於是非正義社會需求之上。歷史上種下的是公義之樹，現今結出來的卻是私人恩怨的果子。

這個囚籠，叫「利益」，既有為了自己的利益，自覺自動與政府體制、與權威保持一致如某社大，也有運用自己分配利益、輸送利益的權力，要求或者影響他人與自己保持一致如某大咖……

台灣不是中國，網路沒有防火牆，沒有對民間組織的打壓與限制，但為什麼有這麼多「牢籠」？社運人為什麼作繭自縛打造這樣的牢籠，又將自己關在了裡面？

上面林林總總舉例一大堆，如果一定要我用一個詞表述，那麼這個詞是「權力」。

社運組織是公共財

當台灣朋友說出「為什麼是你？」就已經隱隱嗅出一種劃分勢力範圍分地盤的味道，讓人不得不警惕社運組織、社會組織已經形成了自己的權力網絡，話語權力、參與權力都被跑馬圈地，第三部門儼然也成了一重權力結構。社運組織、社會組織的權力不是來自國家權力授予，也不依託企業資本，得自社會運動中的積累，與社會弱勢與受侵害的人站在一起對抗不公不義，以此贏得公眾關注、社會信譽，本是公共財，不應被小圈子私有化。「推翻了巴士底獄的人建立了新的巴士底獄」，原本推動社會進步的力量，不應該變成阻礙社會進步的因素。

這麼說，不是我偏激苛刻，我知道當面對任何具體組織具體事件，所有迴避不參與不投入或者滯後反應，都有自己的理由。但是，如果我們跳脫具體細節，站開一點思考，社運組織能夠享有這樣的社會地位，天生負有維護社會公平的道義責任，不作為就是失職。我們不僅要作為一個具體機構、具體面對當下瑣屑，亦有必要作為社會運動一員，想一想自己的歷史定位。

下篇　・專政機器在人身上留下的烙印

社運素人
如何翻轉邊陲？

——內埔龍泉村農地抗爭案

政府怠惰不奇怪。
資本霸凌、立法不公也不奇怪，
最可怕的是「社會缺位」。
沒有人天生會抗爭，
最好的養成，
是在社會運動中學習運動。

禮失，求諸野。

「台北是中國，台南以南才是台灣。」

「天龍國」台北，是我用閱讀採訪瞭解台灣歷史的地方，在島嶼最南的屏東，則用親身參與感受台灣當下。

屏東族群豐富，文化獨特，生活節奏與「味道」都與台北明顯不同，有些台北人會說屏東跟我們不在一個「時區」。幾年前的「八八風災」，屏東是重災區，有人因此始知屏東。台灣路網密布，交通便利，但很多參與救災的年輕人是第一次到屏東。

台北媒體成堆，發愁怎麼找熱點搶新聞，而屏東則愁拉不到媒體，「除非殺人放火」，媒體不會派人來這裡。常言「天高皇帝遠」，屏東之遠，遠到即使殺人放火，媒體也不敢問津。「過高屏溪，殺人無罪」不是出自張原吉與原住民廝殺的開拓時代，而是上世紀九〇年代，語出屏東持槍殺人的議長鄭太吉。直到現在，依然猶有餘韻。

屏東地處偏遠，社會關注較少，能夠得到的資源也少。對我來說，這種地方發生的邊陲革命就更有意思。

很多台灣朋友會跟我說，恆春太過偏遠，竹塹的事情太小，所以很難吸引社會關注，吸引社運組織加入。確實，竹塹是小事，一百三十一坪更是小而又小，文資保護本是邊緣議題，處在恆春又是邊緣之邊，但我的疑問是：小事不參與，如何應對翻天覆地的大事？明明已經歷了太陽花的歷練，為什麼再次政黨輪替後，反而會再一次「社運失血」？已經有過前所未有的大團結，為什麼在事關身邊土地的問題上，再次陷入恩怨夾纏的細枝末節？占領立法院，已是人類歷史上為數不多的社會運動嘉年華，但社會運動不能總是在高空盤旋，社運組織不能只在凱道上團結，最終還是要回歸土地。太陽花落幕時節，四月十日濟南路告別之夜，也已經喊出了告別立院走向土地，土地在哪裡？

得遇竹塹、遭遇一場始料不及的土地抗爭，保護竹塹，成為我的土地。竹塹是洧齊的土地，他的抗爭已經持續了兩年，但還僅只是他的土地，這是台灣吔，怎麼會這樣？如果說，社會運動、社運組織也要挑土地的話，是土地出了問題？還是社運出了問題？

農地抗爭案中的「社運素人」

不管是誰執政，政府怠惰不奇怪。資本霸凌、立法不公也不奇怪，最可怕的是「社會缺位」。社會力量才是維護社會公平、推動社會前進的根本。台灣有悠久的社會運動、公民抗爭傳統，有豐富的社會組織生態，我自然會訴諸公論，發動社會參與。當「社會缺位」成為一個需要探討的問題，我在屏東觀察三例土地抗爭，起到了關鍵作用的都是「社運素人」。

除去親身參與保護竹塹，還有二〇一六年大獲全勝的內埔鄉龍泉農地抗爭，還有車城後灣保護陸蟹，與在此徵地建酒店的京棧集團纏鬥十幾年。

土地正義的問題到處都一樣，我關注的事情不見得大、也不僅關注結果，更想看到與之相關的公民參與。想看社會環境如何作用於個人，也看個人施為如何作用於社會。

我在恆春，二〇一七年得遇竹塹。一年之前，同樣在屏東，內埔鄉龍泉村，一位與社會運動全無干係的退休教師，也經歷一次始料不及的土地抗爭。他叫鍾益新。

很多時候，我把龍泉當成了竹塹的參照系，一再用龍泉抗爭的案例激勵淯齊，為保護竹塹提供參照。也是以此照應社運力量、核心人物、積極公民群體在不同時段的作用，比照在不同階段，力量對比是如何翻轉的？

小社運　小細節

「引發國內外學者五百多人連署反對的聖州企業要在屏東內埔鄉龍泉村農地設廠案，今天屏東縣都市計畫委員會進行審議，最後決議農地不予變更，聖州企業確定無法在龍泉設廠。」這則消息是中央社官方報導，發出時間是二〇一六年六月十七日，寥寥七十三字把抗爭成功說得清楚無誤。

成功！這是台灣近年少有的土地抗爭成功案例，一次乾脆俐落、大獲全勝的成功案例。

發布抗爭成功的消息是在傍晚下班時間。當天白天，「屏東縣都市計畫委員會召開會議，審查變更龍泉地區都市計畫，委員聽取開發單位、自救會雙方意見後，進行閉門討論。」鍾益新和同伴一直守候在外，直到第一時間得到抗爭成功的消息。

曾幾何時，企業趁著各種政策東風結合各種地方勢力、聘請各種法律人才，有錢有人有聲勢，一路勢如破竹；政府對各種民意表達、各路不滿陳情視而不見，有推諉、有程序、有潛規則、有明規則。特別是在屏東，深綠鐵票區，政府部門首長有太多社運老班底，有數十年面對社運對待社運消解社運積累下來的心得體會，經驗豐富，風雨不動安如山。

台灣社運，成千上萬人上凱道常有，五百多人連署不算多。算是小社運。土地抗爭能夠成功，已屬不易。社會運動代價巨大，殺敵一千自損八百，往往曠日持久，翻一翻龍泉農地抗爭時間線，如果從四月二十二日舉辦第一次環評前說明會到塵埃落定，從抗爭全面鋪展到大獲全勝，只有短短五十六天。這一次勝得如此乾脆俐落，就更為罕見。

中國台商回鄉有個說法，叫「鮭魚回流」，曾是彼時最響亮的經濟口號，聖州企業就是「鮭魚回流」的台商。龍泉村的鄉親們和環保團體一起成功阻止土地變更計畫，是台灣近年少有的土地抗爭成功案例。環保抗爭比比皆是，但數量之多與勝算之少本來就相映成哭，更何況拚經濟是第一要務、「鮭魚返鄉」是國策，龍泉抗爭能夠成功更是極少數，能夠在這樣的背景下那麼快速成功，快到連抗爭者自己都有些意外。

成功，稀少的成功、艱難的成功，所來有自的成功。

我在保護竹塹的同時，多次探訪鍾益新，追尋這次成功的小社運中的小細節，尋找這樣的臨界點：邊陲議題進入核心視野，社運素人的個人努力拉動當地參與，積極公民拉動社運組織，地方議題與社運力量匯流。

蒔花弄草的退休教師　變身捍衛家園的戰神

在前往龍泉訪問鍾益新之前，我是先通過照片「認識」這個人的。他是「大龍泉反工業區設置自救聯盟」發起人，領導這次抗爭的核心人物。照片裡的他，一般都是頭綁白布條、手執大聲公，一臉堅毅渾身火力，像個戰神，捍衛土地、捍衛家園的戰神。

但不久之前的鍾益新不是這個樣子的，這位退休教師素與政治運動無緣，二〇一〇年苗栗大埔毀田案轟動全台，他從電視裡看到抗議的人群，覺得那些人好瘋狂、那種人生好遙遠。

不僅遠離政治運動，甚至與現實生活都頗有距離，鍾益新痴迷蘭花三十幾年，與老母相依為命，他的人生，離世界很遠、離蘭花很近，退休後更是如此。

最初的改變是從網路上來的，二〇一五年十一月，臉書網路社群「大武山下龍泉社區」說，聖州企業買了十四公頃農地，要變更用途建工廠。這種事情在台灣跟在中國差不太多，當事人總是最後才知道，當地鄉親們得知，是因為都市計畫說明會。

工廠要建在自己家門口，網路上情緒湧動，充溢著各種不安與憤怒。理化老師鍾益新搜索廠家事業計畫書，一看嚇一跳，名義是汽車零件廠，生產汽車用塑膠品，實際上是個化工廠。

就算不是理化老師，都能想像化工廠的危害。再一查，廠家原來設在中國，不久前剛被中國環保部門課罰。

一個化工廠建在自己身邊，一個汙染企業建在水源地、建在良田裡，與住宅區近在咫尺，影響健康，影響地下水，汙染空氣和農田。對這種迫在眉睫的威脅，光是在臉書上發文按讚怎麼行？

鍾益新把資料整理列印，在村子裡散發，他要讓不上網的人意識到化工廠的危害。

這個網路社群裡的活躍成員多是年輕人，他們比鍾益新更早意識到在這裡建工廠的危害，但提到抗爭，卻有這樣那樣的顧慮，希望能夠找到社運組織的支持，希望能夠有人出來帶頭。有人找到鍾益新，請他帶領大家做這件事。

政治素人走出蘭花房，變身運動領袖。

結果揭曉那一天，一直守在都市計畫委員會門外的四人聽到消息，立即拿出早已準備好的一面旗子拍照留念，旗子上繡著兩個大字「成功」，拍照時他們特別將「屏東縣政府」作為背景。誰都知道，政府在這樁土地抗爭中不是背景。不管是引介企業來屏東，還是購地、變更、環評、審批，既有中央政府部會，也有地方政府，每一個環節，無不與政府部門有關。其實，幾乎在所有的土地抗爭案中，政府，都是極其重要的關鍵角色。

寄信施壓公部門　沒完沒了

開始投入抗爭，鍾益新就把蒐集整理的資料列印出來，寄往各級政府、內政部、經濟部各有關部門，寄給各種政治人物，從總統到縣長、從立委到當地民意代表，特別是屏東籍的。

有人不以為然，政府給企業站台背書保駕護航，誰都知道怎麼回事，政商民代聯盟綿密入微堅不可摧。但鍾益新不信邪，他不是只寄一次，而是沒完沒了地跑去郵局寄掛號信。沒有回音沒關係，再寄一次。政府部門收到之後都必須寄回執，鍾益新把每一份回執都拍照上傳做網路發布，不管政府部門怎樣回應處理，單是公示回執就有幾重用途：首先是讓關注此事的民眾瞭解進展，也會給民代、議員、立委壓力：「我們選了你，就是為了幫給我們講話，我們現在遇到問題投訴無門，只好上書陳情，你的作用在哪裡？」

單說寄信這事，鍾益新不是沒頭沒腦地寄，而是選準了時機、對準了人，有目標地寄，比如五二〇蔡英文就任總統之後再寄三寄，總統府回執用於網路傳播，還可以給屏東縣政府施壓。

小英再三說自己是「屏東的女兒」，家鄉的事情擺不平，剛剛當選上任就被鄉親們一遍又一遍找上門來，情何以堪？按說，聖州企業徵地建廠這種事，不是中央政府必須面對的問題，是屏東縣政府沒有處理好，才會被家鄉人找來難看，看到總統府回執，縣長不會沒壓力。

除了寄信，還會每天在政治人物的臉書留言，「給他們發資料，也催他、罵他。」對政府官員、政治人物，鍾益新說話從來不留情面，「小英競選的時候就說，幹不好可以掀桌子，他們是我們選出來的公僕，怕他們，不是很可笑嗎？」鍾益新擅長「翻老帳」，把政治人物當選前後的口號拿出來兩相對照，罵到縣長掛免戰牌——「鍾益新去我就不去」，罵到某立委在臉書上封鎖他。封鎖之後，他就再去找議長投訴。

與政府和政治人物的糾扯，一直都是抗爭中最重要的內容。

向前向前　開弓沒有回頭箭

當然，鍾益新不只做推動政府的事情，這位最初被人拉進來的抗爭者一旦上路，就奮不顧身地全方位投入。

他透過網路得到與建廠有關的訊息，但又不滿足於網路傳播；他將訊息歸集整理後，列印成傳單，但又不滿足於僅止發放。

他發傳單，是在龍泉村和緊鄰的龍潭村一家一戶敲門發，不論是不是認識、不管熟不熟，敲開門不只發傳單，還會進去跟人家講，確保把問題說透。

不僅上門發放，還會下田發。他將傳單隨身攜帶，看到路邊田裡有人工作，就會走過去發張傳單，給人講講建廠的事，分析在農業區建化工廠對環境和水源的危害，分析水源汙染土壤，將影響農產的品質與信譽。就這樣一戶一戶地走，一家一家地說，在當地走了過半數人家，發放了五百多份傳單。

請注意這個數字：龍泉村選民人數只有兩千三百五十四人，鍾益新面對面發出五百多份傳單，隨後的民間自辦說明會到會的有五百多人。

他不僅印傳單發傳單，還發起了「大武山下龍泉社區自救會」。他不僅發起自救會，還會在傍晚時分跑到位於村子中心的廟口，用大喇叭向全村廣播，特別是在即將召開說明會之前的關鍵時段。

鍾益新自己沒有種田，但周邊鄉親們大多種田為業，他講事實擺數據，既分析水源、環境汙染對於農戶個人的影響，也不忘向屏東縣政府喊話，幫當政者算一筆帳。聖州企業年產值七億元，僅能增加幾十人就業，一旦造成汙染，導致屏東農產汙名化，損失遠遠不止於此，屏東是重要的農業縣，農產品產值一年幾百億，數萬農民以此為生，不成比例。

自上世紀反水壩建設，週邊抗爭歷史悠久，許多社運組織活躍至今，龍泉當地卻沒有這樣的人和組織。抗爭伊始，當地人都有想法有願望，但又對站出來帶頭不敢不願有顧慮，首先想到的是找人幫忙。但任何抗爭，基本盤都必須在當地才有正當性、才可能長久，救苦救難的觀世音，只在傳說中普渡眾生，社會運動中最根本的，還是要靠自己救自己。

走村串戶、現場抗議、致信媒體、聯絡政治人物、發動各種連署，鍾益新把能說的都說了能做的都做了，不管不顧拚命向前衝，甚至嚇到了原本將他拉進抗爭中來的人。開始有人覺得他太激烈太激進，為免連累他人，鍾益新乾脆又設立一個新的網路群組「大龍泉反工業區設置自救聯盟」，把抗爭的範圍擴大到了自己所在的龍泉村周邊地區。

民意拚到底　整個世界都會讓路

誰都愛自己的家鄉，龍泉好山好水，熱愛鄉土的人要農地農用，但就像有首歌裡唱的一樣「想說愛你不容易」。家在龍泉、旅外就業的閻先生，因為反對汙染企業占用農田建廠，便有人去家裡「提醒」他的父母，不要讓他變成「環保暴民」。

天高皇帝遠的地方，往往會有另外一種權力系統，放言高屏溪以南殺人不償命的殺人議長鄭太吉，便是出自屏東。誰都怕汙染貽患子孫，同時誰都怕各種潛規則，對抗爭的代價戰戰兢兢，不斷有人提醒鍾益新注意人身安全，但他不管那麼多，雖千萬人吾往矣。黑道的辦法是一手拿槍一手拿錢，但若遇上一個人既不要錢又不要命，事情就會發生變化。

黑道行事，「槍打出頭鳥」，打掉的不僅是出頭鳥，也打掉了跟隨者的勇氣。但是，一旦有一個「出頭鳥」把自己擺出來，甚至在黑道的射程裡不管不顧向前衝，要知道他這是為了大家的利益在拚命，這種氣勢擺出來，不支持的人那就成了孬種，就會有愈來愈多人站出來。不憚於把自己擺出來站到公開反對第一線的人多了，事情就會發生變化。

二〇一六年四月二十二日第一次環評前說明會，企業代表出場時，有兩個身強力壯的同伴，誰都知道他們的黑社會背景，誰都知道這樣的人惹不起，平時都會躲著走，僅僅被他們盯著都會不自在。但是這一回，兩位大哥現身和怒目盯人都不起作用，因為站出來說話的民眾太多了，提到這一節，林吉洋邊說邊笑：「現場民意洶湧，誰都會看情勢。跟他們一比，政府和黑道都弱爆了。」

鍾益新奮不顧身地投入，不僅拉動了當地民眾，也改變了很多人。林吉洋四月第一次來龍泉，因為老師相託，抹不開情面：「台灣這種事情比比皆是，根本顧不過來，當時只想來一次，對老師有個交代也就算了。但一看到就被那種『跟你拚到底』的氣勢感動，因此投入進來。」

龍泉位於台灣南端，偏遠之地，雖有媒體派駐記者，但土地抗爭這種事情，都會考處到地方政府的態度，顧左右而言他，自己總歸要在這片地頭上活動，若跟當地政府作對，平時抬頭不見低頭見，面子上有點說不過去。於是公民記者先動員起來，各自找選題、找角度，分派了不同時間節點在網路媒體發文，東方不亮西方亮，讓與龍泉有關的事情保持了一定的媒體曝光度，也拉動不受地方政府影響的小媒體率先加入。

隨著抗爭的推進，龍泉的事情成為一時熱議，到了這種時候，當地派駐記者再對這種全台關注的熱點視而不見就說不過去了。這些媒體的加入，又增加了龍泉議題的熱度，最後熱到主流媒體蜂擁而至，做節目的電視台居然要排隊，直到抗爭結束，對龍泉的報導仍然餘音繚繞。

政治素人與素人政治

抗爭前期，明顯「敵強我弱」，鮭魚回流的台商由當地民意代表引介而來，已經完成了購買土地和前期運作，有各種政策優勢、程序合法，民間抗議聲音從未得到政府正面回應。鍾益新去找民意代表，龍泉屬屏東第二選區，共有九位民代名額，其中三位出自當地。但是民代之一恰恰是引介聖州企業來屏東的人，鍾益新找的另外兩位則大打太極，顧左右而言他。眼看著企業按部就班走程序，在召開環評前說明會之後，就要進入環評了。

四月二十二日是由企業主辦的第一次環評前說明會，按常規，接下來就是環評，台灣社會太多前車之鑑，進入環評之後，審核往往都是走過場。投資設廠這種事，從來都是功夫在詩外，只要走到了環評，也就是通過了環評，就算有這樣那樣的問題，環評會也會一開再開，一再補考直到通過。在此之前，屏東環評史上的通過率是百分之百。

「自救會投拆無門，從縣府、立委、黨團、縣議員、代表、鄉長、村長、鄰長、地方到中央，竟然沒人理這事」，大家早已習慣了議員民代看錢辦事、精於盤算，有經驗的人、明智的人知道此中利害，只能默默吞下走開，但是這一次，遇到了不曉關節利害的政治素人鍾益新。白目政治素人把潛規則、明規則中的走過場，變成了反對力量的嘉年華。

當地環保社運組織本來就各有特色，「不讓鮭魚毀良田，農地農用挺龍泉」八仙過海，抗議一派如「環保聯盟」火力全開，溫情一路如「荒野」的習慣作法則是以情感人，「黑熊媽媽」黃美秀說，應該鼓勵企業到工業區去投資，屏東環盟理事長洪輝祥則質疑為何放著屏東一百四十公頃閒置工業區不用？自救會長鍾益新講龍泉地區好山好水，吸引來的企業應該是青島啤酒和萬家香醬油一類，而不是化工廠。

會議原訂十點開始，九點鐘就到了五百多人。不僅自救會拉起了白布條，拿著大聲公以理服人，當地小農也把現場變成了農產展示會，種有機檸檬的擺出飲料攤，種水果的切好水果琳瑯滿目，還有手工蛋糕等各種美味，到處都是好吃好喝以情動人。遠近社運組織幾十家前來聲援，大學老師列隊發言，社運組織參與、媒體關注都在他們期待之中，意料之外的是，居然有縣議員主動表示支持抗爭。

鄉親們已經習慣了議員帶著小弟到現場踐踏民意，這樣的異類一開始真的有些讓人不可置信。這位天外來客不叫程咬金，而是新當選的本縣無黨籍議員蔣月惠，她的選區不在龍泉，但在屏東議員中第一個明確表態支持抗爭，風風火火要就聖州建廠問題質詢縣長。

表態容易，質詢就沒那麼簡單，必須要有三位議員同時連署才能進入質詢，政治人物觀風向、跟利益，蔣月惠拿著自己的質詢單，在五十幾位縣議員裡卻拉不到足夠的連署。民進黨議員當然不理她，國民黨也一樣，不管怎麼說，拿不到三個連署支持，就不能進入質詢。沒辦法，質詢變成了四月二十九日縣政府門口的抗議。

鍾益新和自救會夥伴帶著抗議材料出現，這位白日議員自己寫了白布條，自帶道具站在縣政府門口抗議。白目政治素人遇上了白目素人政治，像是一隊街頭藝人在演行動劇。這種力量對比明顯、不成比例的抗爭，連他們自己也沒有想到，會有一天匯聚成不可阻擋的大勢。

一個月後，龍泉抗爭變成媒體焦點，政治人物跟風倒，對聖州建廠的質詢案也變成了搶手話題，這一回，半路裡殺出來的程咬金卻玩了一個華麗轉身，蔣月惠把自己的質詢單讓給了別的議員。

九大莊頭公廟令旗　和你在一起

審議那天，跟鍾益新在縣政府一起等待的，有一位來自鄰村的李鎮南，他不是一個人來，手裡還抱著附近九個莊頭的令旗。這些旗子，在此前的抗爭場合，就已經多次亮相，不要小看了這些不會說話的旗子，這象徵了附近村莊的支持。

針對企業主辦的建廠說明活動，自救會決定繼續舉辦一系列民間說明會，他們特別強調「一系列民間說明會」，要走遍受建廠影響的周邊所有村莊，廣為動員，倡議農地農用、發展工業不要侵占農地貽患未來，他們強調保住故鄉好田好水留予子孫後代。事實上這個說明會只辦了一次，因為抗爭不久就告勝利。

龍泉村的聚會時間訂在五月二十一日，那天正逢大雨，但仍未影響人氣，成了龍泉過年之外人最多的一天，會址龍泉寺外早早就開始塞車。會議正式開始前，首先迎請附近九大莊頭的地方公廟主神，將令旗一一傳遞到台上，「除了宗教信仰上的禮尚往來之外，也是當地歷史悠久的莊頭結盟傳統。」不要以為化工廠建在龍泉村，只要搞定這個村莊就萬事大吉，還要看看附近的人答不答應，所謂「大龍泉反工業區設置自救聯盟」，就這意思。

鍾益新向本區幾位民代發出邀請，除了引介企業來此的那一位，明確表示會到場並發言，其他民代依然閃爍其辭，其中一位推說有事太忙，派侄兒代表。

民代發言時依然重申企業來此是好事，可以增加就業，但沒等他話說完，就被台下幾百鄉鄰轟下場。雖然是本村人，照樣轟你沒商量，而且下一次絕對不會再把票投給他。

說明會進行到一半，代表民代舅舅出席的那位代理人，找到鍾益新要求上台發言，但是「已經沒機會了。前期準備時，你們沒有說要發言，我們不可能開天窗，已經排了別人。我們跟警察申請的集會時間有限，公眾表態又太活躍，已經不可能再作安排。」

民意大勢所趨　農地農用大勝

在集會上，政治人物是不是到場、是不是發言、說了什麼也許不重要，重要的是廣大民意對民代造成的壓力；接下來又要選舉了，沒有政治人物會跟選票過不去，這五百多群情激憤的反對者都是選票哦。

五月二十八日，社區大學全國促進會在屏東大學舉辦研討會，八十多所社大齊聚屏東，支持地方議題發聲，邀請龍泉自救會與會設攤，為農地農用爭取到了更多社會支持。等到六月初客家電視台來錄節目的時候，龍泉已經是媒體熱議的焦點，趕來參加節目的民代只能坐一般來賓席，與大家一起競爭現場發言機會。

誰都知道：到了這種時候，不明確表態支持鄉親，就是在跟選票過不去。平常怎麼跑紅白帖都沒用，土地是農民的命根子，保水保土的事情你不為我們出聲，選你還有什麼用？

那天也邀請了企業與政府，企業一開始答應，臨到錄製之前又沒有出席，縣政府派來代表，雖未明確承諾，但說「不會讓你們失望的」。隨後不久，就有了屏東縣都市計畫委員會的審定結果：農地用途不予變更。

戰術大師　講故事的藝術

領導了龍泉農地抗爭的鍾益新，曾是十足宅男，兩耳不聞社運事，一心只為蘭花香，素與社會運動無干。

鍾益新申請提前退休，為了陪伴母親度過晚年，每天的活動，不是病房，就是花房，歲月如花如水，生活平淡無波。人生一世，從出生直到死去就像一株植物，直到某種特定情形跳出常規，抗爭成了生命中最燦爛的那朵花，與公共事務有關，讓人的生命在社會運動中發光，爆發出超強的能量。鍾益新抗爭中的許多作法，與美國社運大師索爾·阿林斯基有一拚。

二十世紀，美國的六〇年代，是黑人平權運動的時代。在這樣的時代，在黑人聚居區，一直有很多事情發生。

當時的美國，阿林斯基是一個傳奇，他一直在社區組織、勞工運動第一線，六十多歲死於心臟病。早年在被稱為「屠場」的芝加哥後院區，把勞苦大眾組織起來對抗肉品加工廠（當時當地最大的產業）和當地政府，改善工作條件爭取公民權。後來訓練全美各地的組織者，專門教人怎麼把無權者組織起來爭取權利。

這位仁兄因此多次入獄，但在牢裡也沒閒著，寫書。生前最後一本書有過兩個中文譯本，最新版是台灣出的《叛道》，我不講他的傳奇故事，也不介紹他的書，阿林斯基是位極富行動力的戰術大師，但這一次講的也不是他的戰術，而是讚美他講故事的藝術。

週末總是一個值得期待的時刻。在值得期待的時刻，也許會有許多值得期待的事情。

阿林斯基正在講一個關於週末的故事：「週末一早，住在貧民區的黑人很認真地梳洗，穿上上教堂的盛裝，走出家門。這樣的情形再正常不過，家家如此。但這一次，他們卻不去教堂，而是在牧師的引領下，走向一排停靠在路邊的大型巴士。一共有大約三千名黑人坐上了巴士，或許更多，這些巴士不是開往教堂，而是開往市中心××商場。」——插播一條備註說明：這個商場，是社運人士眼裡難啃的「硬骨頭」。在當地最大最有名，雇用工人最多，但對黑人開放的職位非常有限且條件苛刻，只能做最底層的工作。

商場不怕你發動拒買（這是社運組織最常見的作法），自信品牌和價格讓人無法拒絕，而且事實也是如此，包括反對它的黑人也無法拒絕。商場也不怕社運組織常用的靜坐示威或者占領建築物（那是違法行為），請警察來就好了，阿林斯基一次次被抓，就與此有關。

但這次阿林斯基的故事有了一個全新版本：「如果，在這個週六購物日，幾千名穿著節日盛裝的黑人湧進來會怎麼樣？注意哦，他們不是靜坐，不是占領，也不是抗議，一切全都合法，他們是去商場購物。」天哪，不管這個商場多麼大，三千黑人一進來，氣氛就變了。每一個白人推門進來都嚇一跳，以為自己不是走進了商場，而是走進了非洲，立即扭頭趕緊走出去。如果這些黑人一天都不離開，這個商場就別想做白人顧客的生意了。

阿林斯基的故事並沒有到此結束，更精彩的還在後面：「就算商場報警，警察也沒有辦法，因為黑人們是來購物，一切完全合法。他們擠在所有櫃台前，認真挑選商品。窮人買東西總是格外需要精打細算，對每一樣東西都要問來問去問半天，這也再正常不過，售貨員都要認真回答。這一波人剛剛離開，另外一波人就會湧過來，售貨員同樣也要認真接待。」哦哦！天哪！這一天，商場裡的每一個工作人員，都會忙得要死。

「這種黑人顧客濟濟一堂的盛況，一直持續到打烊前的一小時，他們在離開之前，開始瘋狂採購買下目光所及所有的商品。不要擔心他們拿不出那麼多錢，他們使用的都是貨到付款的宅配，同樣合法。」天哪天哪天哪，如此一來，這個商場就會被掏空，第二天也別想做生意了，所有的貨運服務都會超負荷運轉好幾天。

更麻煩的故事還在後面：「物品送到的時候，都會被拒收。當然也合法。」不能繼續感慨了，因此引發的物流和會計工作量大得無法想像，還會連帶引出更多問題。

講完了這個有趣的故事，阿林斯基分派人手，建立了好幾個小組，有負責租車找巴士的，還有去社區動員組織黑人的，以及聯繫牧師，讓民眾上車諸如此類，有趣的是，每一個小組裡，都有「線人」——是的，你沒有看錯，就是線人，會給政府通風報信的線人。

阿林斯基一直被政府盯著，他的組織在好幾個城市有幾千名工作人員，被摻進線人也很正常。他沒有清除線人，而是當成了「不可多得的財富」；因為線人說的最有效，政府才會相信，透過他們傳遞訊息最有效率，能在最短時間裡送達自己想要的地方。

阿林斯基有意將線人分派到了不同的工作小組，如此送出的訊息更能夠互相印證。

果然，第二天，他們就接到了商場打來的電話，說正在開會討論新的人事政策，將有重大變動在周末前發布。事實上也是如此，週六之前，商場向黑人開放了一百八十六個工作職缺，不僅可以在銷售樓層服務，而且，還可以接受管理訓練。

這只是阿林斯基社運人生中的一個小故事，作為一名戰術大師，這樣的故事，在此之前已有許多，在此之後，仍有無數。

這是一個有趣的美國故事，彼時五十幾歲的阿林斯基經歷過當時美國幾乎所有的社運場合，不同的監獄也幾進幾出，做過各種各樣的組織動員，能夠輕而易舉地把一個驚心動魄的故事講得波瀾不驚。雖然背景複雜牽連眾多，但每一個環節都真實具體可操作，百鍊成精的阿林斯基，把一波三折的故事舉重若輕，講得滴水不漏。

其實，在講故事之前就很清楚這只是一個故事而已，儘管每一個細節都可以付諸行動，阿林斯基只是說說而已。當然誰都知道，阿林斯基不是一個只會說說而已的人。

「我要去台北」 壓垮大駱駝

我講社會運動大師阿林斯基的故事，醉翁之意不在酒，社運素人鍾益新在龍泉農地抗爭中的作為，英雄所見略同，頗可照應。

鍾益新的故事很簡單，只有一句話：「我要去台北。」去台北，上凱道抗爭、向總統府陳情，是台灣社運常用的辦法。

龍泉抗爭初期，民眾要面對看起來堅不可摧的政商民代聯盟，幾乎絕望，眼看化工廠就要建在自己家門口：「我要去台北，參加總統的就職典禮。」

占據了優勢資源的政府和企業，向來慣於使用拖延戰術，企業職員和政府官員都有工資收入，有體制依託，有資金支持，是高薪全職，而抗爭者不然，拖久了，人就被拖疲了，抗爭就被拖死了。鍾益新不要讓他們永無止境地拖下去，鎖定一個明確的時間表：不久之後的總統就職典禮。

台北大路朝天，不能不讓去。五月二十日小英就職，去台北觀禮，正當合法，也不能不讓。但是，一個頭上綁著白布條、手裡拿著大聲公，站在街頭聲嘶力竭「農地農用」，口口聲聲「誓死保衛家園保衛土地」的抗議領袖，天哪天哪！你去台北要做些什麼？

關心他的人很多，包括派出所警員都曾來家中拜訪，當然話說得都很客氣，彬彬有禮。

「我要去台北。」鍾益新說得也很客氣：「作為家鄉人給小英送禮。」

天哪！有這麼送禮的嗎？彼時小英剛剛當選，正是民調聲望最高的時候。屏東是她的家鄉，後院起火多不和諧啊。而且，聽說鍾益新要去台北，旗山老街的抗議者也要一起去「送禮」——哈！真讓人情何以堪。

沒有人天生會抗爭，最好的養成，是在社會運動中學習運動，這些政治素人很快學會了與社運組織專家學者、各種媒體的連動合作，各種串連、陳情、抗議、溝通、有板有眼有章法，前期鋪墊鍾益新做的是社區動員，與在此基礎上拉動社運組織，他們自有自己的方法套路發揮影響。

以四月二十二日第一次環評前說明會為轉折點，力量對比明顯變化。政商民代聯盟依舊強大，駱駝還是那個駱駝，民間的力量雖然細弱如稻草，但相信持之以恆，最後能夠壓倒駱駝——「我要去台北」。明明屏東縣就可以搞定，為什麼一定要讓家鄉人在就職典禮大喜之日鬧上台北？總統府自然會有壓力，推動縣政府儘早擺平問題。

面對前來關切的人，鍾益新實話實說：「去台北參加小英就職典禮，已經有鄉親要出四台遊覽車，而且人數正在增加中，至少會有四台。」

當然，鍾益新沒有去台北參加就職典禮，而是留在家鄉，籌備五月二十一日「第一次土地抗爭有關民間自辦說明會」。特別標題「第一次」，表明要一次又一次一直做下去，老鼠拖木鍁，大頭在後面（指更嚴重的後果），「去台北」並不是龍泉農地抗爭僅有的牌，速戰速決當然好，但也要做好各種準備，跟企業政府比氣長。要想抗爭長久，關鍵在於能不能得到大多數人的理解與支持，在地動員仍是根本。

不放棄任何施壓的可能

此前的說明會都是企業辦的、政府辦的，自然是從企業和政府的角度說話，講建廠的好處，講這化工廠如何無害。自救會要用民間自辦的說明會講解建廠對空氣、水源、土地的危害，講農地他用，對農業以及對子孫的影響。

那次集會，力量對比明顯翻轉。引介了企業的民代被轟下台，企業根本就沒有到場，到場的政府代表一再安撫鄉親「不會讓你們失望的」。

但是，只要企業不表示撤出，在政府裁定之前，就不能掉以輕心。鍾益新沒有放棄他的努力，不會放棄任何一種施加壓力的可能性，包括聲言參選和「我要去台北」。

第一次民間自辦說明會後，鍾益新舊話重提，他的故事還是只有一句話，但具體理由與時俱進：「要請總統兌現就職演說：在經濟發展的同時，我們不要忘記對環境的責任……」

龍泉農地抗爭，沒有走上凱道，就已塵埃落定，無數力量都被拉動起來多管齊下，六月十七日屏東縣政府都市計畫委員會審定農地農用不得變更用途，不可以在這片土地上建工廠。領導了這場土地抗爭的鍾益新所講的，也只是一個故事而已。

我講阿林斯基和鍾益新的故事，醉翁之意當然不在故事，是講給淆齊、講給自己、講給保護竹塹的同道來聽的。事情是如何被改變的？推動改變的人都做了什麼？世界是如何被改變的？

做這些事情，你得到了什麼？

不管成功與否、規模大小，社會運動都是系統工程，攪動當地民眾、社運團體、媒體關注，方方面面無所不包，抗爭過程中瞬息萬變，作為一場抗爭的領導者，只要一跳進來，就必須全心投入。回憶那段激情燃燒的日子，彷彿有一個開關，牽動個人生命與社會運動的關係，鍾益新說自己一直沒有休息過，但不記得累，反而有用不完的勁。

抗爭白熱化的那段時間，亦是他母親人生最後的日子，一邊是火熱的運動場域，一邊是寂靜的醫院，鍾益新騎著摩托車穿行其間，走過他正在用生命守護的土地：「我意識到這一次可能真的要失去母親了，如果能夠留住這片土地，也是一種移情作用吧？」

抗爭勝利後，參與其中的農人回歸土地，參加集會前來助拳的社運組織和學者文人各歸各位，領導了抗爭的鍾益新卻回不去了。媽媽去世，接著一場颱風毀掉他幾百株蘭花，人去屋空，花去屋空，沒有抗爭，沒有媽媽，沒有蘭花，我非故我。一個人空對一地狼籍，以及漫長的抗爭後遺症。

「做這些事情，你得到了什麼？」我倒不是為了開解自己心頭疑惑，是要給張淯齊提供參照。我早就想清楚、不為這類事情糾結，但我畢竟是個外來人，在此地了無牽掛，可以站著說話不害腰疼，鍾益新跟洧齊，都是本鄉本土在地抗爭，更可參照。

三月結束植樹節活動後，第一次探訪鍾益新，是在他的家裡，也許是因為那天下午天色陰沉，也許是因為房間裡光線不好，總之，很難相信那個圖片裡光芒四射的抗爭者，就是眼前這個面色晦暗、聲調低沉的人。

抗爭過程網路上都能查到，也從朋友那裡聽到許多關於他的描述，見面探訪，很想跟他探討一個人的生命，可以怎樣參與社會運動，又怎樣被社會運動改變？經歷了這樣的震盪之後，如何調整自己的身與心，找尋生命新的平衡？但他顯然心不在焉。

查看鍾益新個人臉書和由他維護的「大龍泉反工業區設置自救聯盟」，發現他偶爾會貼一些健康飲食、旅行風景一類的「輕環保」題材，他說，沒有人喜歡總是打打殺殺的，他正在重新尋找日常生活和社會關注之間的定位。

我和同去的吉洋都勸他重新開始養蘭花，但他只是無言搖頭，並不回應。我想，這也是一種「後抗爭症候群」，他還沒有走出運動後的震盪，需要時間恢復。

翻轉的人生　重新尋找生命平衡

六月再去屏東，見到剛從高雄的抗議現場趕回來的鍾益新，判若兩人。他說，原本從不參加類似活動，現在不同，不僅是投桃報李，因為發起抗爭的，都是當時應邀進來幫忙自己的人，他也在那場抗爭中，真正建立了對這些議題的關注。鍾益新在這些抗爭場合也都會上場發言，龍泉抗爭期間他火力強勁，對有關部門的威懾猶存。

至於其他鄉親，他們不會去。

那一次我們提到了抗爭對個人的影響。在我們第一次見面的交流中，我幾次委婉提到這個話題，但他都未作回應。這一次他明確回應了我，說上次自己的狀態，確實無法回答這樣的問題，只有等自己走出來，才有可能觸及。

龍泉抗爭翻轉了政商聯盟看似勢不可擋的結果，也讓鍾益新原本寧靜規律的生活徹底翻轉，抗爭結束後陷入了抑鬱，甚至引發嚴重的身體反應；我上一次去探訪的時候，他還在服用抗抑鬱和糖尿病藥物。終於走出來之後，「糖尿病」不藥而癒，不再吃藥，化驗指標反而回歸正常，他也重新收拾花圃，從頭開始。

走筆至此，已是二〇一八年六月，龍泉抗爭塵埃落定兩年了。六月十七日那個特別的日子，我格外留心鍾益新的消息，他在自己的臉書上並沒有特別標示這個日子，這段時間他貼出來的，都是各種各樣的蘭花圖，想必他的花園又回復繁茂。但是，短短半年的抗爭，已經翻轉了他的人生，已經不可能簡單回復往日的生活，他必將用更長的時間甚至一生，重新找尋自己生命的平衡。

生態與建設可以雙贏嗎？

——後灣陸蟹保護案

白目的最高級別，
就是除了心中夢想，對一切都視而不見。
在遙遙無期的抗爭裡，她並沒有把鬥爭變成生活，
而是把生活變成了鬥爭。
內心深處的感動與愛，
是她抗爭和生活的最大力量。

當然不是所有的抗爭，都能有龍泉這樣的好運氣，能在這麼短時間裡速戰速決，事關土地正義的抗爭，往往都曠日廢時。地產企業經驗豐富後援堅實，從來都是有備而來，不達目的不罷休。倉促上陣的抗爭者永遠都是以小敵大，主動權從來都握在具有優勢資源的政府和企業手裡。抗爭耗費巨大，動輒持續數年，如果不甘認命認輸，就要打持久戰。

同在屏東，距離洧齊家十公里的地方，車城後灣村、著名的海洋生物博物館旁邊，一場土地抗爭已經持續了十年。

事關土地正義，抗爭者要面對的往往不是一個人，甚至也不只一個企業、一個團體，而是一個由無數利益相關方、利益相關集團組成的龐大系統。這個系統有利益、有

規畫，有錢、有人、有律師和其他專業支持，有完整機制，每一個步驟都勢不可擋。

抗爭者都像是單挑風車的唐吉訶德，因為力量對比太過懸殊，必須傾注自己的人生全力以赴。只要抗爭者的生活被抗爭主導，鬥爭變成了生活，被動地失去自己，不論結局如何，都會毀掉自己的人生。

迢迢抗爭路　勇敢黑貓姐

後灣保護陸蟹的抗爭持續十年，十年來一直挺立在抗爭風暴眼的，是黑貓姐楊美雲。黑貓，不光是指黑色的貓咪，在台語裡，黑狗黑貓，指帥哥辣妹。黑貓姐，就是潑辣爽利有一點點年紀的摩登女子。

我要去後灣村找黑貓姐，向洧齊問路，他再三提醒我不要進村子打探，一定要事先查好地點，手機導航過去：「第一次去黑貓姐家，我進村子裡問路，剛說了楊美雲的名字，那人開口就罵。雖然不是罵我，但一問路就要聽人罵，也太恐怖了。」

我吃驚黑貓姐在村子裡如此人神共憤，她自己倒見怪不怪：「我知道很多人恨我。說我擋了他們的財路。」

一百多年前，楊家祖先、黑貓姐阿公的阿公從佳冬來到這裡安家落戶。後灣是個只有兩百多年歷史的二次移民村落，在這個一百五十幾戶人家的小村莊裡，楊家是大戶，跟村子裡很多人沾親帶故。但到了黑貓姐這一輩，一家兄弟姐妹九人，全都少小離家，他們在高雄求學，再由高雄走到更遠的地方。

爸爸是水手，長年在外跑船，只有媽媽一生都沒有離開這片土地。黑貓姐十三歲離開後灣，直到二十五年後的一九九八年由高雄重回故鄉，陪伴父母。

後灣村依山面海，緊靠著名的海生館。二〇〇七年，財大氣粗的京棧集團購地規畫，要興建大型度假酒店。黑貓姐和鄉親直到環評說明會才知道要建酒店的消息，後來在抗議聲中，又通過了墾丁國家公園的整體環評，只待屏東縣的細部環評通過，就要動工了。

但是，屏東縣的細部環評會開了一次又一次，一直開到第八次，為了能讓這個建設案盡快通過，還有與之相關的很多次說明會，有在台北高雄的，也有屏東縣的、車城鄉的、後灣村的，開會就有幾十次。讓這個箭在弦上的建設計畫拖宕至今的，是社會各界的反對。連接關注此事的學者、媒體、NGO 組織和積極公民的訊息中樞，就是黑貓姐楊美雲。

一女當關　捍衛陸蟹棲地

黑貓姐全力以赴抵制酒店，不是因為她跟酒店有仇、跟建設有仇，而是因為酒店選址在陸蟹棲地上，墾丁國家公園有香蕉灣、港口溪、後灣三處大型陸蟹棲地，其中後灣又是全世界單位面積陸蟹品種最多的優良棲地，她要保護陸蟹、保護陸蟹棲地。

「我不要、不要、不要建酒店！」黑貓姐堅決反對建酒店，她時時刻刻盯著這片棲地，任何與陸蟹有關、與建設工程有關的消息，都會第一時間被傳送出去，反對運動十年如一日，財團如何恨之入骨，不難想像。

當地政府對這個麻煩製造者的態度一言難盡，肯定不喜歡她。

黑貓姐是唯一一個人在後灣、但旗幟鮮明、堅決反對酒店建設的人。雖然也有人悄悄跟黑貓姐說過不願意建酒店，但他們受不了那種與全世界為敵的人生，當眾只能沉默。

大大小小幾十次與之有關的會議，黑貓姐從不缺席，找專家找媒體找社會組織NGO，舉牌、行動劇、分發資料、甚至彈琴唱歌下跪，十八般花樣輪番上陣，就為一條：讓不會說話的陸蟹被人看見。當然也少不了嗆她的聲音，都是本地鄉親：「只有黑貓姐反對，我們當地人都願意建酒店」、「我們歡迎京棧集團。京棧集團會給社區帶來很多福利，村民可以使用酒店大堂，還要給社區建活動中心、建博物館」，建酒店千好萬好，可以引來遊客，「我家的門一打開，錢就進來了。」

還有人租了遊覽車載一車人參加環評會，不是去抗議京棧集團，而是抗議反對建設的黑貓姐。他們說楊美雲是社區的「特殊人物」，甚至稱她「社區惡霸」、「環保流氓」。不僅在會上說，還去縣政府、去鄉政府遊說，說楊美雲阻撓當地發展。

後灣是個小村莊，住在這裡的人沾親帶故甚至是親戚，但她因為酒店的事，在村子裡變成了人神共憤的「惡人」。

除了明罵，還有陰招，包括潑糞。不是潑在黑貓姐身上，而是用糞便糊門。

黑貓姐當然也報警了，但滿門大便還是必須自己清理乾淨。警察說，沒有監視器沒有目擊證人，這個案子破不了。其實黑貓姐知道是誰做的，但她不想把時間精力花在這事上，也沒錢找律師打官司。

那時候，反對修建酒店的抗爭已經進行到了第六年，曠日持久，拖得人精疲力盡。對黑貓姐來說，最重要的是要保證不能錯過每一次審查會的訊息，每一次會都要到場、出席、發言，並組織聯絡關注者到場、出席、發言。

「不管發生了什麼，有些事情，一步也不能錯，只要錯一步，擋不住，酒店就要開工了。」黑貓姐很清楚什麼是最重要的。

彈琴護蟹作農食　怡然自得

原來，「白目」的最高級別，就是除了心中夢想，對一切都視而不見。十年了，關注她、支持她的力量幾乎都在遠方，所有的威脅敵意都近在咫尺。因為酒店建設案，謾罵盯梢、上門威脅都經歷過，黑貓姐在自己的村莊裡孤身一人，似乎是與世界為敵。

遙遙無期的抗爭，讓黑貓姐白髮滿頭，但在遙遙無期的抗爭裡，她並沒有把鬥爭變成生活，而是把自己的生活，變成了鬥爭。

黑貓姐的家建在自家的農場裡，她一個人打理偌大一片院落，多頭並進，汲鹵、煮鹽、磨豆、做豆腐、開鹽滷與豆腐體驗課，還在附近三、四個學校開了好幾門課，有恆春民謠也有裝飾栽培，學生從七、八歲到七、八十歲，每天一睜眼忙到天黑。

一大早就開始忙，家裡的活路有煮鹽、磨豆漿、做豆腐、乳炒蘿蔔乾、做味噌，外面還有各種課程，晚上還會有人聚攏彈琴唱歌，深夜還要再去海邊護蟹，三不五時還會組織一些淨灘活動。她已經六十歲了，依然能把忙碌生活的節奏全都掌握在自己手裡，在抗爭背景和不友好的村莊環境裡，精神和身體都怡然自得。一個人，得有多麼強大的內心，才能活到這種境界啊！

陸蟹媽媽回歸故鄉　回歸感動之地

黑貓姐快人快語，愛憎分明，不圓融，也不忿忿不平，黑貓姐能把曠日廢時的抗爭變成活色生香的生活，得益於她在這片土地上，找到了屬於自己的生活方式。

「請問縣長：您知道我們生活方式嗎？」幾年前，黑貓姐與當時的屏東縣長曹啟鴻交流時，提出這樣的問題：「您知道我們這裡的人怎麼生活的嗎？」

「如果讓我們穿著制服、拿著掃把，規規矩矩在酒店上班，我們會生病的。那樣的工作不適合我們，也不屬於我們。」

怎樣才是適合我們的生活？應該與這裡的氣候環境、自然條件一致：「恆春半島很熱、太陽非常曬，我們早晨四、五點鐘就出門，到田裡工作，八、九點鐘太陽太熱我們就回來了，吃東西、喝酒、吹大牛、賭小博，各種歡樂。吃飽了就睡午覺，睡飽了以後，太陽不曬了再去下田，東摸摸西摸摸，天黑回來繼續歡樂，又是喝酒賭博吹牛。」

「也許有人說，這樣的生活習慣不好，但我們的生活方式，是被這裡的氣候和自然條件決定的，是我們的祖先在與這個地方共處的過程中慢慢形成的。」黑貓姐試圖這樣打動縣長：「這裡的氣候和自然條件塑造了我們的生活和性格，天氣好的時候下田工作、下海抓魚，天氣不好就聚在一起喝酒吹牛，一瓶保力達就能把我們送上天堂，認認真真把牛吹得很大很大，管它是真的還是假的，我們很開心很快樂。」

縣長強調，酒店吸引遊客，會為當地帶來觀光財，為當地人提供就業機會。黑貓姐有不同看法：「這樣的酒店對教育水準的要求都很高，村子裡的人只能做清潔一類粗工。這樣的生活不屬於我們，如果讓我們穿著制服、拿著掃把規規矩矩在酒店上班，我們會生病的。」

在這片移民的土地上，後灣是二次移民、三次移民駐足之地，他們移來移去，在此停駐，是因為找到了與這片土地對話的方式，找到了適合自己的生活方式。當地產企業切入這片土地，切斷的不只是陸蟹的生命之路，還有當地人的生活方式，切斷了他們與土地的連接。

黑貓姐全力護衛的，就是她的生活方式、與土地的連接。

二十年前的黑貓姐住在高雄，開相片沖洗店，是國標舞教練。臨近不惑之年面臨選擇：回歸土地，或者失去土地。

父母的農莊欠款，欠銀行四百萬，加上個人借款一百萬，共有五百多萬債務，無力償還，要用土地抵償。

父母的九個兒女都很小就離開了家鄉，在城市建立自己的家庭和生活，都不願回去經營農莊。黑貓姐也曾勸過父母放棄土地來高雄，但是媽媽堅決反對，她一輩子種田養豬，離不開那片土地、那種人生。

幾經糾扯，黑貓姐結束了高雄的事業，回到後灣，面對債務。

陽光海風下的自在人生

回到自己出生長大的地方，倚著樹坐下，打開一本書，海風帶著熟悉的味道撲面而來，陽光灑在身上，灑在手中的書頁上。她哭了——「這裡的陽光就讓我感動到流淚。」

在都市裡生活了那麼久，不管是在店裡還是在家裡，看書都是要開燈。這麼多年，錯過了灑在書頁上的陽光，錯過了拂過樹林的風，還錯過了什麼？

儘管每個月都有還本付息的壓力，但黑貓姐在那段被帳單追趕的日子裡，還是感謝命運機緣，讓她重返故鄉，讓自己的生命，與這裡的泥土、植物、風和陽光建立連接。

她感謝媽媽的堅持，堅持不肯放棄土地，一直到八十幾歲，每天都要勞動，說沒有做事就不好意思吃飯，其實是她愛做啦。媽媽的生活，是與這裡的泥土、植物、風和陽光融為一體的。

黑貓姐回來之後，才理解媽媽的一些「怪癖」，比如喜歡在田裡上廁所，不使用屋子裡的馬桶，就像人吃的東西來自土地一樣，人的排泄還諸土地，在這裡是自然而然的事情。媽媽讓她體會到了什麼是「自在」，人天生就是該過這樣的生活。

黑貓姐在農莊裡和父母一起過著日出而作、日落而息的自在生活，為父母養老養終。她慶幸有十幾年時間陪同媽媽一起度過，聽她講述自己的生命故事、這片土地的生命故事和歷史。

黑貓姐自己也是媽媽，有一對孿生女兒，是生活中至親的連接，又有著各自獨立的人生。女兒常常嘆息：「為什麼我前面有電視，眼裡看著電腦螢幕，手裡打報告，耳朵裡聽著音樂，但還是覺得無聊？」黑貓姐就會笑笑，說「如果跟我一樣就不會無聊了」。但她和女兒都清楚：已經是城市動物的人，回不去了。

黑貓姐慶幸自己重回故鄉，過那種與土地融為一體的生活，繁忙又簡單、辛苦又自在，她天生就是要過這樣的生活。

尋找故鄉之美、故鄉之魅

回到後灣，黑貓姐發現故鄉變了。

雖然住的依然是曾祖傳下來的古厝，雖然坐在門口就能看到海，但故鄉的海已經不一樣了。家裡的農莊位於靠海的山坡，小時候坐在門口，視線越過海岸林，能夠看到游弋的鯨魚，看到噴出的水柱。如今海岸林變得稀疏了，視野開闊了，卻再也看不到鯨魚。

小時候家裡東西很少，但快樂很多，在山裡瘋跑、在海裡戲水。那時候沒有冰箱，山就是他們的冰箱，山裡有各種各樣的野菜；海也是他們的冰箱，穿過門口窄窄的石子路就到了海邊，下海抓魚撿海菜，不用太多，夠吃就好。

家還是那個家、海還是那海，石子路變成了大馬路。人們駕船去到更遠的地方掏空大海，冰箱裡有吃不完的魚。海裡的魚少了，但海邊的垃圾多了。

故鄉人變少了，年輕一輩大多去城市謀生，很多房子空了，土地荒廢。生活安逸了，錢多了，但快樂少了。

黑貓姐知道現代化的進程不可避免，但她想把故鄉的美好和快樂找回來。她把聽來的故事、看到的老屋和風景，寫下來在網路貼文。她的部落格「黑貓姐黑白講」（黑白講：台語隨便講、瞎扯瞎說的意思）吸引了很多旅外的恆春人。她發動定期淨灘，吸引了很多遊客和志工。

她回望自己的生命，回望家族的歷史，尋找與當下連接的可能。

回歸土地，讓她看見了故鄉的歷史、自己的歷史。黑貓姐在家中九個兄弟姐妹中排行第五，大家個個健壯，唯有她從小體弱像個病貓，包括嚴重的先天耳疾，必須要借助助聽器。後來，當她得知在自己出生前半年，恆春曾經有過一次大地震，尚在母腹中的她和媽媽一起經歷了那場災難，在生命中刻下印痕，但也讓她看見了歷史與自己生命的連接。

回歸土地，也看見在地的文化與自己生命的連接。黑貓姐的阿公在她周歲時去世，幾無印象，只是聽長輩說他熱心公共事務，擅長演奏恆春民謠。她與阿公相隔六十歲一個甲子，但生日都是三月三日，冥冥中感受到某種召喚，黑貓姐開始學習恆春民謠。

早年恆春半島生活困苦，文化水準不高，民謠沒有曲譜、沒有歌詞紀錄，代代口耳相傳。黑貓姐從頭開始，學習彈奏月琴，四處尋訪耆老，一邊學習，一邊採集民謠、傳承保護，後來在當地第一次民謠比賽上，榮獲三項優勝。

她還走進當地學校，開設課程，手把手帶著當地的孩子，從小學起，將這種寶貴的文化資產，傳承下去。

因為感動、因為愛

幾乎所有的抗爭都滿目瘡痍，看到了太多傷痕累累的抗爭者。

在接觸黑貓姐之前，我驚異於她在曠日持久的抗爭裡驚人的能量，也擔心她在鬥爭歲月裡，被憤怒燃燒扭曲，擔心與龐大財團的對峙榨乾她的現實生活，變成被漫長抗爭消耗的蠟燭。

黑貓姐在抗爭中，代父親償還了幾百萬元債務，農莊已實現收支平衡，建立良性循環。

走進農莊，慢慢熟悉這個外表堅定、內心柔軟的女人，被她對這片土地、對這種生活方式的愛感動。內心深處的感動與愛，是讓她的抗爭和生活有力量、有生命的根本原因。

我跟隨她日復一日經歷豆腐坊裡汗流浹背的勞作，繡花般精細地裝罐豆腐乳，學習各種各樣天然食物的製作，看她面對遊人一遍又一遍地解說，也一起去海灘為寄居蟹送殼、作陸蟹田調，有時童心大發，半夜闖進濕地灘塗找尋穗花棋盤腳，還會忙裡偷閒在兩個不同學校的民謠課程之間，跑去附近山上的稜線爬爬山，循著當年先輩遷徙的古道，出一身汗，指點山峰、田地、海岸線，聽她講著祖祖輩輩的故事。

曾經把她想像成一個鬥士，當我進入黑貓姐的日常，發現不是因為個性執拗、內心強大才戰力超強，她不是在與人為敵、與世界為敵的生活裡戰鬥至今、堅持至今，而是在這片土地上找到了一種與土地融為一體的生活方式。我看到了一個自在的人，與她的生活水乳交融，在四面楚歌的生活環境裡，怡然自得。

黑貓姐並不一味反對開發與建設，她只是在找尋一種方式，在現代經濟邏輯、恆春觀光風潮中，找尋一種可以讓在地人延續獨特文化、保有符合自己天性和習慣的可能性。

就像突如其來的返鄉是命中注定一樣，關注陸蟹，投入抗爭，自然而然。不是將抗爭堅持到現在，而是與包含抗爭在內的生活共同成長至今。不是讓鬥爭變成生活，而是讓自己的生活本身，成為鬥爭。做出這樣的人生選擇、成為當下的自己，她只是跟隨感動、擇愛而行，且歌且行且行且歌，得其所哉。

每一種活法　都是不斷妥協的結果

其實在不久以前，陸蟹才是這片土地上的「王」，是千百萬年物種演化的結果，而這片海灘有人定居的歷史不過幾百年。

恆春半島原本人煙稀少，幾百年前的後灣是寂靜無人的海灘，陸蟹是這裡的主人。一百多年前，黑貓姐的先祖從佳冬沿著山的稜線一路走來恆春半島，駐足後灣。那時候後灣是一個「新生」的小村莊，要在捷足先登的河洛人和客家人、以及更早的主人原住民的版圖中，找尋自己的位置。祖先不僅要適應這裡的地形氣候，也與原有動植物融為一體。

原本陸蟹是這個地方的主人，從山一直到海岸灘塗，長滿了不同的樹，濃密的樹下，厚厚的落腐質提供豐富的食物和水分，那是陸蟹的家。陸蟹生活在陸地和海洋兩個大生態系的交會地帶，居住在生態邊緣系統的，往往是生命力最強的物種，在很多無人海島上，陸蟹是居於食物鏈頂端的「王」。

陸蟹不是這裡唯一的王，還有梅花鹿和原住民。這一帶密林遍布，林間鹿群出沒，是排灣族先民的獵場，不遠處的龜山，是荷蘭時期的鹿皮集散地。荷蘭人之後，鄭氏子孫來了，明末清初的移民來了，近二、三百年，原住民、河洛人、客家人的數量與領地一直在變化，這裡的生活方式也在變，但與自然條件的依存度一直很高。

黑貓姐小的時候，人畜在灌木叢中踏出來的蜿蜒小路，是與陸蟹和其它各種動物共享的，包括住家的院落農莊，常常會有陸蟹出沒。現代化襲來之前，人與陸蟹共享這片土地。

沿海公路把從山到海的生物帶一分為二，人與自然的關係也在迅速變化，現在這裡的主人既不是陸蟹也不是梅花鹿，還不是住在這裡的一百多戶後灣人，而是遊客和觀光經濟。四通八達的公路、開闊的停車場、鱗次櫛比的酒店，還有更多待建的酒店計畫，一切都為遊客和觀光經濟服務，為了接待更多遊人、招徠更多遊人。

億萬年來，寄居蟹一直以海邊的貝殼為家，遊客多了，會撿走海邊的貝殼，也有當地人撿貝殼賣，寄居蟹找不到貝殼，只好穿上動輒破碎的蝸牛殼，黑貓姐在海灘上拍到身穿塑料瓶的寄居蟹，讓人心酸，甚至有人直接抓寄居蟹賣錢。消費邏輯成了強者通吃，陸蟹還能在這片海灘上生存嗎？

尋求生態與建設的最大公約數

如今後灣的公路上，經常看到「陸殺」，被車輛行人輾死的陸蟹或者陸龜。它們循著千萬年形成的生活習性，到了產卵季節，會在月圓之夜，從山間的棲地回海邊產卵釋幼，每一輛車經過，就會留下成片陸殺。一隻成年母蟹一次產卵高達三四十萬粒，每輾死一隻母蟹，就減少成千上萬陸蟹。從二〇一七年開始，墾丁國家公園為減少陸殺，開始在陸蟹繁殖季節封路，但是比起陸殺，更可怕的是公路本身。

濱海公路會有矮牆般的水泥跨欄，路上行人抬腿就能跨過去，但從海灘中上岸的陸蟹、陸龜則不同，出於施工考慮，路基是與海岸線並行，直上直下，把海、海岸和原本與之連為一體的海岸山脈徹底切斷，是兩棲動物不可翻越的天塹，不僅會讓陸蟹滅絕，很多物種都不堪一擊。這樣的變化，一旦發生，就不可逆轉。

如今為了保護陸蟹要封路，人們寫了很多窩心的標語，為了保護陸蟹，司機要承受很多不便。

車沒有錯，司機同樣沒錯，人需要交通便利，修路也沒有錯，我們是居於生物鏈上端的人，可以為所欲為，陸蟹只能聽任擺布。但是接下來會怎樣？作為強勢物種、人類社會在商業邏輯下只容適者生存，一直這樣下去會怎樣？

黑貓姐和環保團體反對在後灣興建酒店，因為選址是在台灣陸蟹最重要的棲地。在環海公路開通之前、在現代經濟襲來之前，也許就在幾十年前，從山到海的生物帶渾然一體的時代，這樣的棲地比比皆是，現在後灣已是碩果僅存。

環保團體在開發公司步步進逼的環評中拚命反對，指出在這裡建酒店，對陸蟹的影響、對海岸植物帶的影響、對地下水系的影響。即便這樣，企業的環評進程也一直在推進，不管環保團體提出什麼問題，他們志在必得，都會拿出方案應對，環保說明會開了一次又一次，不斷「補考」，直至「有條件通過」。

企業有企業的堅持，強調購地手續符合規範，申報程序合法，也通過了環評，還能增加稅收提高就業，酒店一定要建。企業要發展、要營利，利用既有遊戲規則為自己加分，說不上好壞對錯。那個「有條件通過」的環評決議，看似理性中正客觀，但在黑貓姐看來，痛不可當。因為環評報告中有一句「陸蟹數量減少百分之五十將停止動工」，不管是死於陸殺、死於公路還是死於酒店，每一隻陸蟹媽媽都是數以萬計、數十萬計的生命。

陸蟹大戰財團　以地易地「雙贏」

雙方各執一詞，僵持近十年，後來，屏東環保局長易人，新局長是長期在台南環境團體帶頭民間倡議的高雄市綠色協會理事長魯台營，是首位擔任地方環保首長的民間環境運動人士。上任伊始，談起對屏東環境議題的展望，希望改進現有環評聽證會的方式，不要讓學者「公親變事主」，開發公司有責任把問題說清楚。

他從環境評估程序談到後灣案例：「我看過去的環評會議紀錄，有很多發言並非針對問題去解決。以京棧飯店的開發案來說，裡面有很多過程，是相互在背後放話、攻擊，很多村民來就罵她（楊美雲）……目前看起來，京棧只是想辦法讓環評通過，看不到他們是真心想要保護陸蟹棲地、與陸蟹共榮。」

採訪魯台營的時候，他提到現在台灣的環評機制，事先公告之後，贊成反對雙方各有三分鐘發言機會，然後就要退場，交給由政府職能部門召集的環評委員作決定。作為曾經的環評委員，魯台營希望有機會在自己任內改革環評方式：「提出的問題應以聽證的方式一個一個解決，不要民間代表各講三分鐘，然後讓委員閉門討論，這是不對的。應把問題提出來，直接針對問題辯論清楚，應該要求開發公司有責任把問題說清楚。」

我提到了一年前落幕的龍泉聖州集團建廠一案，此前看到的所有訊息，包括我自己都欣喜於龍泉抗爭速戰速決，打了一個乾淨漂亮的勝仗，但魯局長有不同的看法，因為民意洶湧、媒體關注，匯集成強大壓力，讓縣政府早早做出農地不予變更的決定。他反倒遺憾沒有能夠走到環評這一步，能夠把問題攞開來談，就環境說環境，理性討論。

這樣說當然有道理，但我心裡仍有疑惑，因為此前屏東縣環評是百分百全數通過，對於關注環境問題、特別是自身權益受到開發侵害的人來說，這是一個非常恐怖的紀錄。

說到後灣案例，十幾次環評有關的會議，每一場都是一場戰役，在通過了整體環評進入環境差異性分析階段，環團從保護陸蟹的角度不斷提出問題，但企業在一次又一次環評會議中的感覺就像是「補考」，雖然一直都不合格、不夠格，但如此這般一直補考下去，總有一天會補考及格。如果沒有環境團體和楊美雲拚命抵制，京棧集團的建設案早就在陸蟹棲地動工完成了。

拉動旅遊、地方繁榮、保護環境、永續發展，幾方各有各的立場，很難用簡單的是非對錯一言概之。如何完善機制，尋求最大公約數，有沒有既滿足企業建設要求、又實現環保團體保護陸蟹、減輕環境傷害，還能兼顧墾丁國家公園需求的替代方案？

環境團體最根本的目標，是為陸蟹保住最後的棲地，企業的目標是建成兩百間客房規模的酒店。公眾參與不是爭對錯輸贏，經過多方理性溝通，企業要保障經濟權益提出易地補償，方案幾經討論，已經有了明確的以地易地方案，建立陸蟹保護區和酒店建設兼而有之。

幾方達成共識，只要完成各部會、各級政府的公文流程，就可以生效，用海生館十幾年前已經完成水泥硬化、但一直閒置的大面積停車場作為酒店建設用地，置換京棧集團名下的灘塗濕地，成為海生館的陸蟹保護地，企業、國家、主張建酒店的村民和反對建酒店的抗爭者，各方需求都可以得到回應。當然，最根本的，是陸蟹的需求。

二〇一八年五月三十一日，京棧集團「以地易地」終於塵埃落定，開創台灣生態保育換地第一例。

我期待保護竹塹，也能夠達成這樣的妥協與共識。我在本章開篇又說了一遍，我做台灣觀察，是為了照應中國，期待我們也能夠從中得到學習，讓改變成為可能。

螞蟻如何推動大象

總會把竹塹和龍泉做照應。相近之處頗多，都是企業行為，訴求方向都是政府，還有一個有趣的相似之處：都是前縣長任內立項或者通過，現任引爆。雖然兩任縣長同是民進黨人，但派系不同，屏東縣到處都「傳頌」著兩位縣長之間隔空鬥法的故事，龍泉聖州案翻盤如此之快亦與此有關。當我們比照如此之多的相似，都期待相同的結果會出現在恆春竹塹。

鍾益新一開始就是拚命三郎，矛頭直指政府，火力全開，而洧齊在面對政府的時候，是溫柔含蓄一派，一直在小心翼翼維護對話關係與面子，包括對我文章的修改，以及在不得不指出政府問題的時候，總是要以「寇延丁老師說過」開頭，後來變成文史專家「蕭文杰老師」、抗爭領袖「陳致曉老師」，或者台中黎明幼兒園自救會「林金連園長」。洧齊小心翼翼地維持某種平衡。——「我們台灣人，本質上還是怕官。」

官掌握著行政權力，即使民主政體之下，也有極大裁量空間。比如在龍泉抗爭初期，縣長一直未做明確回應，直到五月二十八日全國社大聯盟在屏東開會，縣長潘孟安參加開幕式前，到連署攤位面對自救會成員，他首次對這個爭議開發案表達立場。

潘孟安表示，關心土地正義的民眾，透過各種管理表達訴求，他都聽到了，儘管他的想法和理念與民眾相同，站在公部門的立場，必須顧及程序正義，企業有權來申請設廠，縣政府則必須做好嚴格把關，讓捍衛土地和所有人民的權益，並存並榮。

不過，社運團體強烈反彈：「潘孟安的說法，讓關心龍泉水資源和堅持農地農用的公民團體不滿意」、「這都是政治語言」、「這種話不能相信」、「有說跟沒說一樣」。

屏東縣政府可以依法等待聖州企業遞送環評報告，也可以依法撤回企業的申請，藍色東港溪協會理事周克任，提到屏東前縣長蘇嘉全任內直接拒絕國光石化在當地設廠的案例，《地方制度法》讓當地政府有權拒絕企業申請。企業申請變更農地用途，要先經縣政府農業處通過，才能進入環境評估，但農業處這一關尚且未過，縣長潘孟安在回答問題時，卻把決議權推給了環評——政府的裁量空間不單是從農業處到環評這麼大，事實上還可以更大。

我曾經為竹塹的事，拜會過屏東文化官員，他們一再說自己是「依法行政」，也真的把法律條文列印出來跟我逐句解讀。確實有法有據沒有錯，他們怎麼說怎麼滴水不漏，但我不得不說我自己的感覺，套用一句當時中國的流行語，感覺是在「拿著法律當擋箭牌」。法網恢恢洞洞多，政府機關道道多，在保護抗拆方利益的時候，政府官員完全可以在法律許可的範圍裡，盡可能不作為，在法律許可的範圍之內與企業站在一起。

也曾為保護竹塹的議題請教立委，回答也很坦率：「在台灣雖然民意代表和行政長官同樣都為民選，但遇到問題會有不同。民意代表面對陳情，基本會站在陳情人的立場，向行政機關表達，他的作為有點像律師，站在無罪推定的立場，選擇對我的當事人有利的事實。地方首長的角色則有一點像法官，他要做裁判處理爭議，雙方可能都是你的選民，在做選擇的時候，他看的可能不是『是不是對的』，要找的是最安全不會出錯的辦法，依法行政最穩妥。」這種看似坦率的回答，是典型的「政客」答案。

在聽這話的時候，我心裡是有小劇場的：依法行政？如果是惡法怎麼辦？我就是為這個問題才約訪的，立委很清楚，我將內心小劇場作為問題提出，立委沒有再做直率的回答。其實，不回答也是回答啦。

事關恆春竹塹的開發案，是在違憲法律框架之下帶著諸多程序問題擦邊過關的，在這種情況下，是「惡法亦法」依違憲法律維持原判？還是依《文化資產保存法》保護台灣歷史？政治人物和屏東縣政府是有極大選擇空間的。

野百合世代的官樣文章

作為一位有多年縣政府行政經歷的政治人物，這麼說沒有錯，我接受一個政客給我「政客式回覆」，也知道政客會在法律允許的範圍內，與資本家有怎樣的默契。但說話還要看背景、看歷史，這是在後民主化時代的台灣，說話的人在當年野百合學生運動中，曾是衝向民主正義公平一線的風雲人物。

就像潘縣長那番四平八穩的話，反而引發一連串不滿一樣，這一番實話實說，也讓我覺得很有「戲劇性」：當年他因為社會理想站到了衝撞的第一線，後來，選民將票投給他、和他所屬的政黨，也是因著這種道義因素，結果，事關台灣歷史、事關保護文資人士的個人權利、和台灣文化歷史的公共利益，他和他所在的黨做出的，卻是政客的選擇。不知道到底有多少社運青年如此這般從街頭走向政壇、走入立院、成為政客。我也不知道，當下台灣人對政府和執政黨的失望，與這樣的軌跡是否有關聯。

此前聽朋友提到一位公職人員常說的一句話，是「行政依法」，而不是我在與台灣官員接觸時，一再聽到的「依法行政」。他解釋此間不同：「我們當官，就是要在法律許可的範圍內，盡可能保護百姓的利益。你要一直做一直做，做到這樣的邊界；你再做，就要碰到法律的紅線，就要違法了，這個時候再停下來。」這句話同樣出自屏東，語出工運背景的潮州鎮長洪明江。

無法要求所有官員都有如此明確的社運立場，但可以通過民間推動、通過社運組織施壓，讓行政機器在「依法」空間裡更趨中立，在程序正義之下顧及「是不是對的」。

我們無法期待社運組織全知全能包打天下，但至少社會議題要能得到社運力量的幫助，訴諸更大範圍民間支持。訴諸公論的過程，不單是為形成社會壓力，以制衡政府與資本，也是一種公眾動員，不僅有助於社會問題的解決，也是在強化一種應對社會問題的機制。「社會問題」→「社運力量」→「社會關注」→「公共生活」，互相推動彼此生成。

當社運力量不再是站在第一線引領社會進步的力量，那些因緣際會站到了第一線的社運素人，成了推動社會運動的力量，成了後民主化時代推動民主深化的力量。這條線變成了「社會問題」→「社運素人」→「社運力量」→「社會關注」→「公共生活」。

抗爭是最好的民主教育。社運組織積累了既有的套路，社運素人也找到了自己的方法，推動、產生彼此之間的互動關係。鍾益新一再跟鄉親們說：「民主政治下，選出來的人就是我們的狗，而我們的民代恰恰引進聖州項目，到處為企業說好話。這是為什麼？」

龍泉抗爭讓他們思考這個問題：為什麼不去吠外面的人，而是咬我們自己？「那是一場民主教育，不要以為當民意代表就是跑跑紅白帖，跟鄉村們套交情，真的需要他們為我們說話時候，居然用別的理由搪塞，說自己引進企業是在繁榮地方。」

除了「我要去台北」，鍾益新抗爭期間表示，如果民代不為鄉親說話，他就「出來選」。「我要去台北」給中央政府壓力，影響縣政府；「出來選」直指民代，由他們施力政府。鍾益新說，政見只有一句：「我不會跑紅白帖，不會婚喪喜慶到處露臉講屁話。鄉親們選民代，就是要選能為自己吠的狗。你們投票給我，我只做一件事：反聖州。」

選票總數有限，對任何政治人物來說，鍾益新能不能選上不重要，但他參選會分流自己的選票，自己能不能選上更要緊。

龍泉農地抗爭案，在選舉來臨之前即告勝利，鍾益新並沒有真的出來選，但是這場民主教育的效應，往往會在意想不到的時候體現出來。二〇一七年六月十二日，我與鍾益新約在屏東，他見面就說：「今天上午，我請工人來家裡裝熱水器，他跟我們不在同一個村，並沒有參加抗爭，但那件事一直都看在眼裡，看清地方民意代表都是做了什麼。他說，下一年自己就會站出來選。」

大象還是那個大象

從二〇一七年二月初到恆春，到四月三日美雅書店的聚會，一直是我和美雅在推動洧齊。在那天乞丐廟公的糾結之後，我也與美雅有過認真的討論，雖然我們認定，只有民間力量足夠強大，才能夠推動政府，但是洧齊還是對與政府的溝通抱有幻想，他要交出去的工作，基本上都是對社會力量和社運組織的推動，不僅他不熟悉不瞭解，也可能認為未必有效才要推出去。洧齊才是保護竹塹的當事人，我們也反省是不是過度推動、越俎代庖。

直到二〇一七年五月十九日，第一次強拆突如其來，洧齊退無可退，在臉書了開始逐日公布「百年竹塹強拆紀錄」，背水一戰：「目前我們完成的工作有：一、報警，針對重劃會提告；二、陳情書：屏東縣政府、重劃會、監察院；三、以發現新事證為理由，重新提報古厝為指定古蹟。」

走的還是文化套路。洧齊希望所指，恰是我擔憂所在。但他卻信心滿滿，說是請教文史專家並有成功先例：「屏東縣政府會退回提報表，然後我們就拿著函文訴願法賦予我們的權利，向文化部訴願。這一次我們有台灣最專業處理文化資產的律師幫忙，贏的機會非常高！而且相同的案例，台灣已經有成功的例子。」雖然我仍存擔憂，但看到文史專家、各地抗拆和文化保育人士陸續加入，儘管企業力道愈來愈強，緊急狀態反而有助於文史專家論述的傳播和公共關注的升溫，也拉動了社會組織、社運組織的參與，事情正在發生變化。

我期待「台灣式抗拆」，能夠有一個妥協多贏的結局。作為一個中國人，很容易對民主法治的台灣，帶有先入為主的美好期待，一旦民間力量小蝦米對抗政商權力大鯨魚，得到媒體報導社會關注，政府就會投鼠忌器有所收斂，但是，沒有想到，七月七日，屏東縣政府回函洧齊：拒絕接受新事證，重啟文資審議。

張洧齊仍寄希望於行政救濟，七月十二日向屏東縣和文化部訴願，「兩個月後，我們有信心訴願成立，重啟文資審議，我們會耐心等待，如果訴願不成立，會進行行政訴訟……」

但是，重劃會沒有給他兩個月，時隔兩天，七月十四日第二次強拆竹塹。

第二次強拆竹塹　網路直播

強拆終於來了，但不是洧齊一直擔心的偷偷下手，而是依法「鑑界」。大批重劃會人員、政府官員和警察，依事先通知來古厝鑑界。當洧齊夫婦抱著孩子與官員在門前談話的時候，怪手繞到門後開工。

隨後的強拆，發生在張洧齊的網路直播下，在他和朋友們向社會公眾、向公權力求助聲中，這片歷經一百四十多年歷史的竹塹次第倒下，洧齊連聲道歉：「對不起，我們已經盡力了。」——紛至沓來的網路回應，「是台灣對不起你們」、「應該道歉的是我們」。

強拆之後，竹塹不復完整，但保護竹塹的努力並未停止，沒有放棄努力，要求依法重新鑑界、堅持保留地上物、重申竹塹歷史文化價值，多頭並進。重劃會則貼出了一張未署名公告，要求他們自行拆除地上物，時間自七月十九日起十五天內，「逾期視為廢棄物拆除」。

洧齊愕然：「請問中華民國哪一條法律，允許私自拆除別人主張的地上物？沒有！除非由法院判決強制執行。」但若再來怪手強拆，又能怎樣？張洧齊再一次向縣長求助：「請屏東縣縣長潘孟安幫幫忙。拜託！」

我算了一下，從七月十九日起十五天，到期日是八月三日，好心痛的一個日子。七年前的這一天，絕望的大埔農民朱馮敏仰藥身亡。肯定不是開發方特意選擇這樣的日子動手，而是類似事情太多了，隨便一個時點，都有說不完的例子。

「依法行政」，多少罪惡假爾之名

開發公司步步緊逼，張洧齊訴諸公論，「恆春竹塹古厝緊急陳情！」七月二十三日YouTube 影片中，他抱著七個月大的兒子站在巨型怪手下，面對鏡頭，發出請求：「我們請求行政院文化部協助屏東縣政府，能夠以最快的速度，將竹塹列為暫定古蹟，給它一個接受文資審議的機會。」

文字提示特別說明：「我們相信屏東縣政府已經積極處理，我們知道屏東縣政府重視文化資產」。我知洧齊此言用心良苦，他一直居於兩難之間，不努力，擔心竹塹被毀；繼續做，又顧慮「屏東縣政府不高興」。這次「越俎代庖」請求文化部幫助，一定也有這樣的擔憂，向公眾求助自然更甚，所以，才會再三再四向屏東縣政府如此說明，怎麼看，都有一種委曲求全的味道。

七月二十六日，抗拆連署上線，簽署者對政府就沒那麼多顧慮：「屏東縣政府正視文化資產價值，別再成為重劃會的打手！」「不當重劃迫害土地、文化、良民。政府你站在哪裡！？」

政府在哪裡？政府還是在「依法行政」。

讓人傻眼的「第二次筆錄」

曾經覺得，台灣式抗拆異於中國式抗拆，因為政府、國家機器的表現大不同。中國式強拆，政府與企業豈止私通款曲，往往有警察、甚至武裝警察保駕護航，但台灣式抗拆至少可以報警報案，還可以請警察幫助蒐集證據。

洧齊在開發方五月第一次強拆竹塹時，將那段抗拆經歷在臉書中公諸於眾：「（警察）真的有去問工人，工人也告訴警察說，是公司派他們強拆竹塹的，而且警察的側錄器有把這一段敘述錄下來……這個禮物真的太棒了！因為我們沒有錄下強拆的影片，所以以警察的公信力錄下工人證詞，將會是一大武器，重劃會大概無法推託。」

中國人自然會羨慕嫉妒百感交集，節錄一段我自己寫下的文字：「這個細節，一定讓大陸抗拆民眾羨慕不已。我們無處不在的攝像頭，永遠都會善解人意地及時壞掉，人在派出所離奇死亡時，警方監控一定全部失靈，這已經是鐵律，但是台灣警察好可愛，他們的儀器不僅不會壞掉，還會錄下洧齊請他們取證的內容。」

看到張洧齊把這麼重要的消息放在臉書上，我禁不住替他擔心：萬一這個「壞掉」或者「不見了」怎麼辦？台灣朋友笑了：「不會的，他們不敢，除非警察局長不想做了。出了這種事，縣長都有可能受影響。」台灣特色，真的很有趣。

洧齊自己也說，「感謝有一個可以依靠的政府」。讓我意想不到的事情發生在六月九日，洧齊臨時被派出所叫去做第二次筆錄，警察放在他面前的，是一份與此前完全不同的筆錄，因為在最關鍵的地方，多了一個「未」字。

以下錄自張洧齊六月十日發布的抗拆臉書：

> 我看了筆錄內容寫：「且警方亦有錄影詢問在場施工人員，他們（未）承認是公司叫他們來拆的。」警員多增加了一個「未」字。我真的嚇了一大跳，多一個「未」字，整個筆錄都不一樣了，我問：「可是你那天不是說你有現場拍攝詢問工人，他們承認是公司叫他們來拆的，而且你還說影片內容很完整。我當時還很高興說這樣太好了，因為我拍的影片後面，工人覺得我在套話，所以說詞反覆，沒有你這麼明確。」
>
> 「喔！」警員輕描淡寫地說：「我回去查閱那段影片，工人沒有這樣說，所以我記錯了。」然後就拿筆給我，叫我在更改的字旁邊簽名加蓋手印，我愣了好一陣子，心裡掙扎該不該簽，警員坐在旁邊的表情告訴我，你簽不簽都無所謂，反正我這樣寫了，他應該知道這個更改對我方的影響很大。

從強拆報警到第二次筆錄，隔了二十天，中間發生了什麼，變化如此之大？「依法行政」，多少罪惡假爾之名以行！

螞蟻不再是那個螞蟻

大象還是那個大象，但螞蟻不再是原來的螞蟻。一直高度關注洧齊，見證他的變化。

我剛剛結識他的時候，除了惡補台灣歷史，也在學習如何與台灣人交流。洧齊不像我直來直去，需要不斷確認他的想法。我要寫文章介紹竹塹歷史、抗拆現狀，在我的個人專欄發表，問他有沒有打算繼續抗爭？是否需要我用寫文章的方法助拳？他很矜持，從不直接回答，而是說他會處理自己的事情，或者嘆息一聲，說做什麼都沒有用，自己已經付出了那麼多，不想再連累別人，還會說一大堆感謝的話，讓我不要太勞累。總之含混其詞，一再請他確認而不得。直到他太太雅琳告訴我，洧齊不可能放棄，巴不得有人幫他。他們都很樂意有天上掉下來援兵，只是不好意思給我添麻煩。那就簡單了，我做就是啦。

我拉美雅討論行動方案，洧齊又委婉提到經濟困境，他們的小家庭已經山窮水盡，沒有錢付給我們。這也不是問題，這是我們自己要做的，不用他付錢，還會自己承擔費用。

後來我們又發現他在談到社運組織、公民參與的時候，有意保持距離。直到我與美雅不得不檢討自己是否一廂情願過分推動。五月十九日的強拆，讓洧齊一下子變成了全力以赴的戰士，也愈來愈注重推動公共參與。

七月十二日，有一個觸目驚心的詞「犧牲打」一再出現。以下摘錄自洧齊抗拆臉書：

屏東縣政府針對異議書回函：拒絕接受「新事證」，重啟文資審議。我們不願意繼續爭執，既然沒有共識，兩造對於「新事證重啟審議」與「建築定著投射範圍登錄」認知差異，已經向文化部提起訴願，有普安堂案例當作犧牲打，兩個月後，我們有信心訴願成立，重啟文資審議，我們會耐心等待，如果訴願不成立，會進行行政訴訟。普安堂已經成為台灣犧牲打；恆春張家古厝也將成為台灣犧牲打，翻轉不重視文化的社會風氣。

我不懂棒球，不曉得什麼是「犧牲打」，只是感慨於那種帶著絕望的犧牲感。不復面帶笑意、態度溫文、言辭閃爍。他要保住的，不過是一百三十一坪的竹塹，並要與社會公眾共享這份寶貴的文化遺存，在有民主選舉、言論自由的法治台灣，何至於如此無望？

他在文中，將土城媽祖田普安堂與恆春張家古厝竹塹處境做了對比，台北土城媽祖田百年普安堂土地之爭歷時已久，歷經十二年訴訟，普安堂於二〇一四年十月二十日依法強制拆除，與恆春竹塹有太多相似。儘管於情、於理、於事實傳承、於文化價值都應保留，最後還是被「合法」強拆，讓人不禁感嘆：「依法行政，多少罪惡假爾之名以行。」

文史專家、社運前輩接力相挺

文史專家、臺北教育大學蕭文杰老師說：「基於學術良知，我認為我必須說幾句話，用專業協助他。」蕭教授不僅論述竹塹作為歷史建築文化景觀的價值，也將問題直指屏東縣政府：「在這案子當中，屏東文化處公務員屢屢用行政手法，指張家竹塹先前已經審議，沒有『新事證』，所以拒絕讓張家再次提報古蹟。奇怪的是，屏東文化處的文資委員還沒有看到我提出的資料，未經文資委員審議，該案承辦人就大膽恣意亂行，說沒有『新事證』？請問文化局小小承辦人有這權限嗎？是狐假虎威？還是拿著雞毛當令箭？請注意文化資產價值評估是文資委員的事，公務員是處理行政程序，承辦人這樣說法，難保未來不會影響委員的判斷。」

八月三日，開發方開出的限期拆除竹塹的日子，這一天，屏東縣政府派出三位文資委員現勘，保護竹塹的張氏子孫、來自台灣各地的文史專家與民間組織，在此進行聲援聚會，同時到場的，還有主張拆除竹塹的所有權人，打出牌子「強烈反對私有土地列為文資」。除了聞訊而來的多家媒體，還有許多前來維持秩序的警察，竹塹之內，一百四十多年歷史和無數利益夾纏恩怨糾扯，風雲際會。

不遠處的背景，是正在施工的工地和嚴陣以待的怪手，四周是百年歷史竹風搖曳，身邊則是主張拆除者一片叫罵，主張保護竹塹一方，在蔣月惠議員串場主持下，用四幕行動劇的方式，講述竹塹歷史故事和文資價值。

蔣月惠議員？就是前面提過，在龍泉農地抗爭中，第一個站出來支持抗爭的議員？是的，就是她。她的介入，開啟了當地政治人物對抗爭的轉向。

不過，這一次，不再是她自己寫個牌子做個白布條纏在頭上，不再是街頭藝人的快閃行動劇，這一次保護竹塹的行動劇，到場的綠黨成員和自救會夥伴有五十幾人，他們的活動，既有蕭文杰教授這樣的文史專家的學術論述，也有五十幾家民間組織簽名聲援，自從七月二十六日洧齊發起連署，至此已有五千多人簽名。親愛的讀者看到這些，相信你一定會像我一樣，又想到一年前的龍泉農地抗爭。

一系列的變化，不僅發生在恆春、發生在竹塹之內，一連串的漣漪出現在更多地方，保護竹塹的議題，在全台幾十處文資保護現場四處開花。八月十三日，社運前輩陳來紅大姐的臉書上，貼出這樣的內容：「淡出社運安安靜靜回鄉，陪伴家人終老的日子，因為寇延丁來訪而難以平靜生活……」

來紅姐如此開頭，讓我覺得自己「罪過」大了。她不僅是我敬慕的前輩，也是卓有成效的「文化恐怖分子」，不管是全台馳名的桃園眷村，還是不為人知的社區網球場——來紅姐雖然歸隱十年，但一直未曾「淡出」。

除去社運先鋒和網球高手之外，來紅姐還是一位縫紉高手，做衫一級棒。這一次，來紅姐在大讚雅琳洧齊是「屏東找不到，台灣也少見的這款年輕憨夫妻」，「生在這個強取豪奪的世代，做為我們所謂的『反對黨』的選擇者，仍然要站在『鷄蛋』這一方，我是充滿了憤怒和哀傷，其中卻夾雜著興奮和喜悅，因為你們的『前瞻』和文化認知，及最最重要的道德勇氣。」

來紅姐是個行動派，她要站在「雞蛋」一邊，不是隨口說說，而是要付諸行動的。她決定做衫相挺：「如何平靜生活又能夠支持你們，此刻思索我的力量，只剩下一部裁縫車……」，她要用自己做衫的手工費，為保護竹塹的這家人，募集每月一萬元生活費用。「做衫相挺」這樣的計畫好玩有趣，但來紅姐又不止於做衫相挺，第二次去大溪的時候，我們一隊人在蘭室品茶，來紅姐在外面天井待客，聽到有人跟來紅姐爭先恐後：「我捐一萬塊，支持他一個月。」

站出來的不止來紅姐一人。抗拆影片上線後，很快點擊超過十五萬，很多素不相識的人加入：「文化力才是競爭力，保存祖先的智慧，留下文化資產給子孫，才有傳承的文化基礎。」

連署者留言中，屏東學者特別指出：「屏東有許多發展的可能性，不需要一味地追求其他縣市的發展進程；重視在地特色、重視人權，並發展適合屏東的政策，才能使屏東不斷進步！」

洧齊決絕的抗拆努力和各種社會力量的加入，終於將媒體關注拉到了遙遠的恆春，大量媒體報導，吸引了更多的媒體關注，遙遠之地的這叢竹塹成了關注熱點，客家電視台預約要來恆春錄製一集「村民大會」節目。因為有過龍泉抗爭的樂觀經驗，這一切都帶給人樂觀的聯想。

客家電視台？是的是的就是它。就是那個在龍泉抗爭中，第一個出現的電視台。而且，還是「村民大會」同一檔節目，在當年的龍泉抗爭中，客家電視台的現身和這檔節目的播出，成為媒體關注轉向此地的標誌。

客家電視台訂於八月三十日在恆春錄製「村民大會」，洧齊邀請我再去恆春。事情發生了太多變化，讓我覺得樂觀：人已經聚起來了，現在，開始有一點天時地利的味道了。

把最好的東西
保留下來，傳給子孫

竹塹存廢無干共產黨國民黨，
無干紅線天花板，
台灣的社運組織與公民社會，
難辭其咎，
我們，每一個與此相關的人，
每一個都難辭其咎。

回顧二〇一七年的行動軌跡，恆春成了我春天裡的中心，在台灣地圖上畫下一束以恆春為中心的射線，從島嶼任何地方隨時奔向竹塹。但在抗拆全面開始之後，保護竹塹的抗爭白熱化階段，我一直都不在現場。

煮鐵釘的流浪漢正在面對自己的「期中考試」。首先是身體測驗，環島前半場太過任性地揮霍體力，被身體算總帳，掉進了漫長的持續低燒。

另外，也是要兌現我的承諾，在寫我的期中考卷。一個台灣社運行程規畫，寫給關注社會問題、關注社會轉型的中國人，不只是另類台灣行程的「扣子版本」，也是我如何看待台灣社會的考卷。這是一個大議題，不是一本書、甚至幾本書能夠容納的，但是我知道，不是每個人都能有我這樣的幸運，我得到太多，必須回饋。

太多的人在尋求中國問題解方的時候，不約而同，把目光投向台灣。

二〇一四年「太陽花」期間，得到了一個小冊子，被我珍重保留至今。裡面的十幾篇文章，出自一位在台灣讀博士班的陸生。我將其中一段拍照下來，經常作為公開分享的最末一頁，一再分享給台灣的朋友：

「站在一個久居台灣的陸生的立場，在種種關愛、理解、猜忌、歧視中生活許久，對台灣的未來，我心情非常複雜。倒不是因為個人未來與台灣命運相關，而是因為台灣的命運關係到中國大陸十三億人的未來，關係到整個華人世界的民主和未來。台灣人經常會質疑：我們為什麼要對中國大陸的民主和未來承擔責任？很抱歉，我無法回答這個問題，我只能告訴你，現實如此。若中國大陸無民主，則世界華人無自由。台灣人經常會疑問：我們有能力對中國大陸的民主和未來擔負責任嗎？很抱歉，我也不確定，因為放眼亞洲民主，台灣和韓國確實是東方世界的燈塔，如果同文同種的台灣沒有能力，我不知道誰還有能力……」

流亡美國的中國學者何清漣《現代化的陷阱》，在二十年前就給過我深刻的衝擊，二〇一七她與程曉農夫婦在台灣出版新書《中國潰而不崩》，所謂潰，指社會潰敗，生態環境道德倫理概莫能免：不崩，是指偉大光榮正確的中國共產黨。如何避免那種翻烙餅式的革命、為幾千年治亂循環找出路？書裡的藥方：「台灣經驗可為借鑑，台灣就是民主政治下的地方自治。」有台灣朋友專門帶著這本書跟我討論：「只說中國問題的解方在台灣，但是沒有具體說是什麼？」

二〇一七，我行走台灣，帶著強烈的中國本位，要在台灣尋找參照，回應我心頭的問題。

台灣吸引我的是多元開放的社會氛圍，是隨處可見的自組織，以及台灣人的自組織能力，台灣的社會組織沉浸到生活細節裡的對人的關注，台灣最寶貴的，是「社運文化」。

我享有了一次如此奢侈的機會瞭解台灣，上路不久，就向中國的朋友承諾，要提供一份訂製行程，讓人在限定時間內看到不一樣的台灣。列入行程的都是建設社會的現在進行式，不論是走全程，還是僅取其中一部分內容，希望透過這樣的行程能夠觸摸到過往，還可以思考未來。

面對這個天大的難題，我為自己找了一個簡便算法：從一個中國旅行團的角度出發，列了一個十日行程。從台北、瞭解歷史開始，第一天去台中，一人社會局；第三天到嘉義，台灣本土文化與社運代際傳承；第四天台南，台灣工運與左翼歷史；第五天屏東，女性與社區營造，探訪包含後灣黑貓姐在內的社區；第六天台東，回鄉部落青年和知本孩子的書屋；第七天，桃源布農部落與花蓮五味屋；第八天，宜蘭深溝農民食堂，「倆佰甲」與扣子手作；第九天，新竹羅屋書院，邀請台灣社運同道講知識菁英在社會運動中的作用；第十天，總結賦歸。

為什麼行程裡沒有恆春、沒有竹塹？

因為，現在的恆春，已經沒有竹塹了。

二〇一七年九月二十七日，竹塹被拆。被拆掉的，不是被劃入重劃區的一百三十一坪的十分之一，而是全部。在洧齊一家面前，在網路直播的同時，被徹底拆除。不僅百年刺竹一根不剩，房前屋後所有綠意一概清剷，不管是屋後張氏祖先手植毛柿，還是房前後人所栽荔枝。這不是依法強拆，也不止是炫耀勝利，是在洧齊一家面前，在網路直播的同時徐徐為之，是對所有人的羞辱與報復。

這一次，我們一定會贏

剛剛認識洧齊的時候，他常說的一句話是「沒有用的啦」。五月強拆開始之後，常說的話變成了「這一次，我們一定會贏」。我們被他鼓勵著、帶動著投入其中，屢戰屢敗，但他還在一直不停地做新的嘗試，屢敗屢戰，一次又一次告訴我們：「這一次，我們一定會贏。」包括邀請我再去恆春參加「村民大會」時也是這麼說的。

八月三十日再去恆春，參加客家電視台「村民大會」節目的錄製，那時候，我和同去的很多朋友都很樂觀，覺得天時地利人和，竹塹保住了。

錄製場地是在鎮公所。開始之前看到屏東縣文化局的曾龍陽副處長匆匆進來，節目組人員引導他在桌邊坐下，化妝。洧齊則在一旁與蔣月惠議員說話。不管是客家電視台「村民大會」這個節目，還是蔣月惠議員，都給我樂觀聯想，因為他們都在龍泉農地抗爭中出現過，而且，他們的出現，變成了抗爭的轉折點。

我從洧齊那裡知道，八月三日在竹塹現場，政府、專家、抗拆與主張拆除的人都有，蔣議員還被人打了一巴掌。這一次的錄製現場，本來以為也會有不同聲音出現，但是好奇怪沒有，明顯能夠聽出主持人傾向保護，當她把話筒指向我的時候，我說這是寶貴的台灣文化載體，在擁有民主選舉、言論自由的台灣，希望能夠看到樂觀的結果。

結束後，與黑貓姐一起去洧齊家小坐，說到九月七日，文化局會舉辦公聽會；十一日，專家審議竹塹是否可以成為文化景觀。大家不約而同提到：「不通過怎麼辦？」但又都不約而同地寬慰自己：「不會吧。應該不會不過。」

想想節目現場聽到的都是傾向保留的聲音，文史專家蕭文杰老師和主張保留的蔣月惠議員都做了網路直播，文化處曾副處長也說潘孟安縣長是文資縣長，我們就都當正面信號轉發吧，事已至此，只能盡人事、聽天命。

不難想像，這段時間雙方都在忙，各種奔走，洧齊九月三日去台北參加文化部的全國文化會議，副部長在開頭舉例時，就提到了張家古厝和竹塹，洧齊的發言與現場影片也廣為傳播，他樂觀地向夥伴通報，在文化會議中得到的關注與支持。

九月七日林吉洋的文章上線：〈《海角七號》十年後：從張家古厝竹塹保存案，看恆春的風土危機〉。文章引發了新一輪關注，吉洋說龍泉抗爭之前，屏東縣很少如此被媒體關注，看現在的態勢，已經是強大的公眾輿論在輾壓屏東縣政府，連他也說：「這一次，我們一定贏。」

那一天，也是屏東文化處舉辦公聽會的日子，吉洋選在這個時間點，自然是希望能夠影響更多人。但一直樂觀的我，卻樂觀不起來，因為在同一天，屏東縣文化局曾龍陽副處長也有發言，是在他的臉書貼文，全文如下：

有關張洧齊先生近日於網站公開表示意見後又於全國文化會議發言，部分與事實有所出入，唯恐民眾誤解，縣府文化處特說明如下：

一、有關客家電視台於八月三十日傍晚借恆春鎮公所召集錄製「村民大會」節目，提到竹塹保存現場無反對意見一節，經查現場當時並無涉及本案之地主所有權人到場，故並非無反對意見，未來有關本案之地主意見，仍應給予尊重。

二、因為屏東縣政府尊重憲法對於財產優先保護地位，對任何文化資產提報案件，只要涉及私有財產事項，均採取審慎態度，依規定辦理文資程序，避免因價值差異，造成權益受損與立場矛盾衝突情形。

三、有關文化資產之指定或登錄之權利、義務關係，屏東縣政府均隨時提供文化資產所有人專業諮詢並且已回應本案大部分私有土地所有權人的來電詢問，唯有關價值指認與文資判定屬文資審議委員會權責，審議之前，本府無可置喙之處。

四、張洧齊先生於文化會議所提百年古厝，屏東縣政府已於二〇一六年依審議程序登錄為歷史建築，一直保存無虞，亦無怪手將拆除情事，不知為何他一再扭曲，強調怪手曾強拆古厝，以「抱著孩子衝出家門」聳動文字來誤導，抱著幼兒於怪手前拍照，說是擋怪手加上拍攝照片傳播，實是最糟的錯誤示範，社會應予以譴責。

五、另有關張家古厝竹塹在二〇一六年審議時，因「不符合審議指定、登錄要件」，未獲指定為歷史建築，目前重新提報「文化景觀」，本案尚在文資審議程序進行階段，為維護現場安全，已請當地警察局配合派員巡視，屏東縣政府亦隨時監管中。

屏東縣政府再次重申對文化資產之重視與堅持，唯本案顧及占大部分私有土地所有權人權益，除依法定程序啟動審議程序外，為聽取社會大眾對本案之意見，將於九月七日召開公聽會，並於九月十一日召開文化資產審議委員會。

竹塹的「死刑判決書」

全文公事公辦，非常之「依法行政」，除了有限幾個錯別字，幾乎無懈可擊。雖然發布渠道是個人社群媒體，但選在這樣的時機發布，並特別註明縣政府文化處的身分，與吉洋一樣，都是意在影響此後的公聽會與審議。很明顯這個說明有立場，副座行文措辭是有指向的。全文六百多字，「財產」、「權益」、「土地所有權人」都一再出現，「竹塹」一詞只出現了一次，這與竹塹在文資保護機關眼裡的位置很匹配。

如此行文視角，出自開發商很自然，出自政府經濟部門營建部門也能理解，但這是文化處吔，以文化歷史保護為職志的部門，如此這般好奇怪。副座提到洧齊的時候，用到的詞如「扭曲」「最糟」「錯誤」都含明顯貶義，似嫌不夠，還要加上一句「社會應予以譴責」。洧齊說「台灣政府好欺負」，吉洋說到輿論是在「輾壓政府」，但這根本就是政府在輾壓民意——同是台灣人，相煎何太急！

此文讓我不寒而慄。整個抗拆過程中，一直沒有機會見到開發方，只看到強拆開始後，抗爭愈挫愈奮一浪高過一浪，社會動員屢敗屢戰一波強似一波，現在似乎看到開發商在這份聲明之後笑出聲來：這一回，我們一定贏。

儘管有屏科大景觀所所長盧慧敏教授給縣長的親筆信，有蕭文杰老師的專業回應，以及《民報》呼籲《請完整保留恆春張家北門文化遺產》，九月十一日，審議結果揭曉：不通過。洧齊希望透過登錄文化景觀、完整保留竹塹的努力完敗。

而且，不通過的票數極富戲劇性：十位評審委員全數投了反對票，開發商和有關部門大獲全勝。

看到曾副處長的貼文我就有種感覺，可能會過，但沒有想到，吃相難看至此。十比〇等於無限大。如果那次評審有一百位評審委員，結果也一樣會是一百比〇。即便是在台灣，行政權力的影響力如此之大，大大超出了我的想像。洧齊說「台灣政府好欺負」，但政府豈是那麼容易被你欺負到的？

洧齊說他還不會放棄，還會做這樣那樣的努力。但是，他已經沒有機會了。九月二十七日，強拆最後登場，宣布 Game Over。以下摘錄洧齊臉書：

土地開發商老闆坐在我們的藤椅上，戴著太陽眼鏡，抽著雪茄，古厝的外圍停著幾部機車，或站或坐一群小混混，有備而來。

我跟監工說：「你沒有經過同意，怎麼……」，他看都不看我一眼，用台語回答：「不用說那麼多，你去報警。」

警察來了，怪手持續動工，警察說對方拿了一份公文，說竹塹不是文化資產，所以他們可以動工，然後問說還有沒有其它事情，如果沒有他要走了。

土地開發商做的這件事情，至少有兩個部分違法，一個是違反文資法第三十四條，歷史建築周遭有開發行為，應該召開文資審議會審議是否減損文化資產價值；以及在我們收到不登錄公文之前，竹塹目前暫定為文化景觀，準用暫定古蹟，但是對方仍然強拆。

他們不是欺負我們弱小，而是看準屏東縣政府不會有所作為。

兩天後，洧齊收到了屏東縣政府決議竹塹不登錄文化景觀函文，那份遲到的「死刑判決書」。

抗爭者有尊嚴嗎？

強拆後的圖片，每看一次，都是一次羞辱：原本環繞古厝的竹塹被拆得一絲不掛。你要「保護竹塹」對不對？那好！我就拆給你看，當著你的面拆光光。

屋後和房側的竹塹，根本不在重劃區範圍之內，這麼做，很明顯已經不是出於開發重劃的需要，而是對抗拆者的汙辱和報復：你愈抵抗，就讓你死得愈難看。

回頭檢視與竹塹結緣的這幾個月，與之相關的文章寫了十幾篇幾萬字，拜會屏東文化局的時候，發現他們是讀過的，也說竹塹確有價值，我說得有道理。副座說得很認真很誠懇，還非常週全地感謝我一個中國人關心台灣文化資產。對比中國抗拆者的境遇，不得不感嘆民主法治之下的台灣，不一樣就是不一樣。但是，當承載了那麼多價值和道理的竹塹被拆到精光，讓人覺得，公務人員的彬彬有禮也是一種羞辱：百無一用是書生，你寫幾萬字抵不過一紙「依法」裁決，當然，更抵不過「依法」強拆。

不是對我一個人，也是對文化言說、對參與的社運力量，以及所有關注者的羞辱。

但是，竹塹被拆，文化處就贏了嗎？原來從空中俯瞰竹塹拱衛之下的百年古厝，這片承載著台灣歷史的防禦型住宅修竹環繞，綠樹蔭然，就像一隻豐腴的鳳凰，羽毛豐滿、姿態雍容。原本從恆春鬧市進入竹塹，要先經過一段綠竹夾道的小徑，再穿過百年龍眼樹蔭才能進入庭院，進到這個綠竹與老樹環繞的地方，就覺市聲已遠，人與土地是有連接的，腳下的土地、周邊的生態與古厝是有關聯的，在一草一木一磚一瓦的細節裡，感受到祖先的智慧。

現在不僅環繞四周的竹塹被連根挖起，就連房前屋後一百多年的老樹也難逃一死，只剩下光禿禿的古厝，孤零零的幾間房子，被丟在一片焦土之上，就像一隻被殺死後褪光了毛的雞。

落地鳳凰不如雞，文化處口口聲聲古厝已是歷史建築保存無虞，但是看看竹塹屍骨無存之後，瞬間變成醜陋的房子，對「歷史建築」這種稱謂也是一種汙辱——歷史上，先人的建築就這副鬼樣子嗎？

洧齊的抗拆影片，我看過無數次，短短四分鐘，有太多的內容觸動我。錄製那天，亮亮恰好滿七個月，這個孩子自從來到人世就在抗拆，這個長過他生命的抗拆歷史，已經被強拆畫上句號。

襁褓中的亮亮和他的父親向世人絕望求助：「我的爸爸阿公阿祖都在這裡在出生長大，我們非常喜歡這個地方，因為它非常的美麗，有紅外牆，希望我的孩子將來可以在這邊長大。我們想要完整保存的最大原因，是它有恆春剩下來的最後一間具有防禦性竹塹的房子。」影片最末，站在巨大怪手下的洧齊低下頭，親吻懷中的亮亮。親吻自己的兒子，是他的習慣動作，就像所有的父親。

每一次看到這裡都不禁感慨，人愛其子，莫不如此。人愛其子，就應該把最好的東西保留下來，傳給子孫。一百三十一坪和一段寶貴的歷史，孰輕孰重？

一百四十多年，歷經幾度改朝換代的滄桑，這棟南台灣碩果僅存的防禦性建築，抵不住和平年代、民主政治之下的「依法」強拆，到底誰羞辱了誰？

把竹塹拆到精光，重重羞辱了所有的抗拆者，所有台灣歷史文化的保存者、關注者。這片文化資產是洧齊的、張家的，也是所有台灣人的，就這樣毀到毛都不剩。如此「竹塹」，只能是字典裡的詞，所有的孩子，包括政府官員、包括開發商、包括強拆者自己的孩子，都沒機會看到活著的恆春竹塹，無法透過竹塹上的痕跡，觸摸到台灣歷史。所有的台灣人，都是輸家。

特別強調「所有」——所有台灣人。竹塹若此，是權力與資本對於所有歷史和文化言說的羞辱，對所有社運組織和所有人的羞辱，不管你是否參與保護聲援，不論知曉與否。

「恆春張家竹塹古厝是否保存，是民國七十一年文化資產保存法實施至今三十五年，檢視台灣文化教育的測驗卷」。七月二十九日，張洧齊與文史專家蕭文杰先生投書媒體，呼籲保存竹塹。「台灣人共同承擔測驗結果，如果及格，我們將有下一個百年傳承歷史記憶，如果不及格，將影響我們的子孫用什麼樣的文化觀點，去經營人生及看待自己的文化」、「恆春張家竹塹古厝願意作為一支犧牲打，將台灣文化保存推進到下一個壘包，藉由一個又一個個案抗爭，留下我們的尊嚴在土地上。」

洧齊提到了尊嚴，這個詞，讓我尤其酸楚，抗爭者，真的有尊嚴可言嗎？

小蝦米對大財團　彈盡糧絕

初到恆春，洧齊騎摩托車帶我去虎頭山、張家祖先來到這裡最早駐足的地方，接著去龜山，遠眺三百年來遷徙的軌跡，又去看了其它幾處古厝的遺跡，很長的一段路。恆春本來就是風之都，初春又正是風大的時候，騎車夠冷，幾段路都夠遠，為什麼不開車呢？洧齊在把安全帽遞給我的時候，很抱歉地指著院子裡停臥的一部舊車：「不好意思，我的汽車壞了，但一直沒有修。這部老車跟著我跑了很多地方，為了古厝環島走訪幾次。」

為什麼不修？「因為修車要花太多錢。」後來，我才明白，因為他們沒有什麼錢。抗拆不是說說就能行的，小蝦米對抗大財團，必須全力以赴，學法律、鑽文史、四處奔走，一舉一動全需要錢，幾年下來燒掉了幾百萬，不僅花光了他們夫妻所有的積蓄還負債累累，洧齊在敘述時，常常會帶著歉意說自己「口袋不夠深」。

洧齊自尊心強，人前從不示弱，當怪手一來再來，竹塹被一毀再毀，抱著孩子站在怪手下面向世界，注重形象的洧齊頭髮篷亂，素來矜持的他，在向全台灣的人求救：「我們不知道這個怪手什麼時候會再偷拆。我們非常地擔心，提心弔膽，非常的害怕，我們不知道還要過多久這樣的生活，家裡二十四小時都要有人，壓力非常的大。我們希望不要繼續過這種生活，這不是人該過的生活。」抗爭者是沒有尊嚴的，與如此巨大的利益和力量相抗的血肉之軀，怎麼可能有尊嚴？

再回到六月十六日高雄風雨之中，我在車上旁聽了某社大的斥責電話，洧齊一再喏喏，少有辯解，任由傾瀉情緒，直到對方掛斷。那天我們在路邊停留許久，洧齊狀態不好，說了很多牢騷話，其中一句我記得很清楚：「我跟你們不一樣，我不是積極公民，我只想過好自己的生活。」我一直不贊同這類說法，似乎做積極公民就得不食人間煙火，讓我都不好意思承認是積極公民了，覺得自己是正常人之外慘遭變異的特殊品種。

每每聽到這種說法，至少要表明自己的態度以正視聽，但是那天我卻說不出話。一直默認自己是社會組織一員，南台灣社大也在社會運動年代扮演過重要的作用，眼下社運同道的所做所為，真真讓我抬不起頭，不知道說點什麼才好，無言以對，無顏以對。

那天我們在雨中停了很久，洧齊也在傾瀉他的情緒。最後說到了他的現實問題，自從五月十九日，怪手大軍壓境開啟全面抗拆模式，沒有工作、沒有收入、彈盡糧絕，不要說各種外出串連和辦活動的費用，就連家裡吃飯和亮亮的尿布錢都成問題。我問他每月生活所需，他說一萬多塊就能維持生活。那好，我沒什麼錢，能夠拿出來的錢只有台幣十萬塊，至少可以解除後顧之憂。

洧齊道謝之餘，說要先跟太太商量，我們約定，有需要就直接說。但是後來，一直沒有接到他的消息。直到七月中，抗拆到了白熱化狀態，看到他們向公眾發出了募集生活費用的消息。一方面，我知道把這樣的話題公共化是洧齊的成長，另一方面，我也知道此舉對他而言的壓力。抗爭者的尊嚴，就像百年古厝美麗的羽毛一樣被剝到精光。

誰是誰的囚徒？

用威權邏輯、威權標準自我設限，就是自我囚禁，如果以此約束他人，就成了囚禁他人的看守、幫凶。可怕的是，這種轉化往往是在不知不覺中發生的，我們自然而然接受了這樣的生活，對威權標準習以為常。

我在李明哲被抓之後，一再提醒台灣人，不要用別人的邏輯換位思考，自我設限、自我監禁，追問李明哲到底說了什麼話、做了什麼事、寄了什麼書、踩了什麼紅線，如此自我審查自我監禁，是把自己變成了恐懼的囚徒，也是在審查他人，變成了監禁他人的看守。

不要自我設限自我囚禁，用威權邏輯換位思考無異幫凶，我這麼說，以李明哲為例，比較容易被接受，用於保護竹塹則不同。

保護竹塹，我經歷了兩次身分轉換，一開始是從局外人到行動者，行動過程中又變成了批評者，批評社運。第二次轉換發生在四、五月間，批評洧齊，見面一定會談到，不見面的時候，經常把手機打到沒電，從目標定位、行為方式到抗爭策略、個性習慣都有，就連洧齊自己也說，我是跟他談問題最多的人，那段時間接我的電話會有挫敗感。

讓我自己困惑的不是變成了批評者，對我們來說，「保住竹塹」是共同目標，為了達成目標，如果批評有益，那麼批評也是我付諸行動的方式。

我困惑於這樣的批評，只見投入未見產出。我的批評說完了，洧齊自然會講他的想法與脈絡，兩造都有道理。類似的話翻來覆去說多了，只是消耗了我們愈來愈多的時間精力，但無濟於事，對保護竹塹沒有真正的幫助。

對洧齊的批評，有些出自我的觀察與感受，多從他說過的某一段話、做過的某一件事談起。有些出自夥伴的交流。在大家談到洧齊的問題，一般都是他不在場的時候，每每我會推動夥伴將問題拿出來當面談。我一直主張把事情說到明處最簡單，不管是對行動策略還是對資金使用的疑問，都會直接提出來，並敦促他公開。但我的推動收效甚微，美雅又會笑笑：「我們台灣人的習慣，就這樣的啦。」

這一年裡，經常聽到「我們台灣人」這類說法。這本書一開頭我就提到了自己的糾結，提醒自己要慎用「台灣人」這樣的統稱，特別是不用似乎帶有情緒色彩的「你們台灣人」。回到具體的情境之中，與竹塹相關，在與我交流的過程中說出「我們台灣人」如何如何，或者以此為自己的不作為開脫，或者為有些人的不堪恨其不爭。這時候我的心裡會有小劇場：從來不會在彩票中獎的場合聽到這樣的話，沒有一個中獎者願意把獎金與兩千三百萬「我們台灣人」共享。而此情此境之下，「台灣人」莫名被拉進來，不曉得感覺如何。

不開玩笑，回來面對問題。最讓我困惑的，是這些批評背後的邏輯，「體制邏輯」、「資本邏輯」。

五月十九日重劃會強拆竹塹，洧齊開始逐日公布的「百年竹塹強拆紀錄」，每一天都有新東西拋出來，有些內容頗有火藥味。很多細節引發討論。很多夥伴對我說，「洧齊這麼做，竹塹死定了。」

我必須首先說明，說這些話都是為了竹塹好、洧齊好，比那些拒絕參與的人好出十萬八千里，他們沒有漠不關心，而是願意拿出時間精力關注，拉上我苦口婆心去分析，因為洧齊說了這樣那樣的話，做了這樣那樣的事，觸犯激怒了政府或者企業，因為政府有這樣那樣的慣例、明規則、潛規則，如果想辦成事，就一定要先瞭解這些規則，順著這些規則說話辦事才有可能成。如今衝出一個白目不諳規則，「青瞑牛」橫衝直撞，竹塹死定了。

我知道洧齊確實有問題，不能因為他的抗爭就對問題避而不談，我還接受夥伴們說的都有道理，我們都希望保住竹塹，希望洧齊少受傷害。但當我站遠一點回顧時，還是不能接受的是這些交流給我的總體感覺。

直到竹塹被拆之後，還有夥伴拉我做類似分析，面對那些環環相扣的道理，我無言以對，只是忍不住覺得悲涼，你再有理怎麼樣？就算拿出一籮筐道理，說服我這個中國人有什麼用？竹塹還是被拆光了呀！竹塹事小，五臟俱全，不同的人選擇不同的角度，都可以找到足夠的理論依據，發展出一套自己的論述。談及社會運動種種，更是如此。很多論述極盡精緻，但通向了一個「精緻的小」。我實在受不了這種大處不算小處算，小事無限精細，但對大原則視而不見。

不管在中國或台灣，管他國民黨民進黨，統統明規則潛規則一大把。握有絕對權力的是政府與資本，他們訂定了這些規則，威權的名字並不是只叫蔣委員長蔣總統。國家體制、企業資本憑藉優勢資源獨占權力，制定規則、制度化、法律化，同樣也是威權。

我們並不見得逢權必反，但不能用別人的標準自我限制，不能在行動中，自覺用潛規則限制自己。那些道理似乎都對，怎麼聽怎麼有理，但我受不了這樣的道理，推演出一個錯誤的結論。似乎千錯萬錯全在保護竹塹一方，好像資本霸凌、政府怠惰、立法不公、社會缺位天經地義。明明是威權把不平等制度化、法律化，制定標準。這些人自己在這個圈圈裡跳舞，以權力的標準為標準，還要把這些拿來要求別人。這是「自我囚禁」＋「囚禁他人」。

這樣講道理，讓我困惑。任何一個社會問題都有無數面向，可以做無窮論述。先看我們站在什麼樣的位置（從衝在最前面的行動者，到只說不做的評論者，或者乾脆不聞不問的事不關己者，選擇可以有無窮多），不同的位置可以看到不同的面向。再看我們要往什麼樣的方向（從保住竹塹一點都不能變，到可以接受部分變動再做修補，到不管竹塹死活，只要證明我個人高明看得遠就好了，選擇也可以有無窮多）。

為了達成不同的目標，每個人都可以找到理論，根據歷史淵源、現實佐證，發展出一套論述。但我還是忍不住想：我們講道理，目的是什麼？至少不應該是為既有的存在找理由，而要為現有的問題找解方，並能夠付諸行動才有意義。這個世界上的改變，恰恰是由那些白目之舉推動的，讓改變成為可能。

如果沒有鍾益新們不管不顧的抗爭，今天龍泉水源之地、良田中間，已經長出了一個化工廠，我們餐桌上的某一道菜、手裡的某一粒果子，就是灌溉著化工廠裡流出來的水長出來的；如果沒有黑貓姐和環保團體十年如一日的堅持，可能京棧酒店早已建成，我們再也不用操心什麼保護陸蟹，因為那裡已經沒陸蟹了。

資本霸凌、政府怠惰、立法不公、社會缺位，這個世界沒有變得更糟，是因為有太多「青瞑牛不怕槍」的白目之舉，為我們承擔、為我們承受了更多。他們的付出不僅改變了遊戲，也一定程度上改寫了遊戲的規則。

沒有「如果」

竹塹被拆之後，洧齊一家被迫離開恆春，暫居台中。

我們各有各忙，聯絡就少了，二〇一八年一月突然接到洧齊的消息，要謝謝我「介紹蕭大哥認識」。我有一點兒愣住：蕭大哥？是攝影家蕭嘉慶嗎？確實是我介紹的，但他們早就認識了呀。二〇一七年七月發布，並廣為傳播的抗拆影片，就是蕭大哥掌鏡。

後來再看跟進的訊息，才知道是另外一位蕭大哥，司改會蕭逸民。「我將監察院陳訴書完成，上個禮拜在司改會蕭逸民大哥陪同下，前往監察院檢舉屏東縣政府違法濫權，請求糾正彈劾相關承辦人員，重建恆春竹塹，讓我們可以回恆春定居，蕭大哥說證據很完整，成功機會很高。」最後再次感謝我介紹他們認識。

介紹這位蕭大哥給洧齊，應該比嘉慶大哥還早一些。植樹節活動之後我去台北，和朋友專門去司改會，與逸民探討社運組織介入的可能性與空間。逸民給了我們很多建議，台灣社運幾十年積累，類似竹塹這類的事情，抗爭開打，常見方式是聯絡媒體、聯合同質內容共同召開新聞發布會、公民連署、上凱道抗議、遊說立委議員提案修法、各種司法救濟等，台北的倡議團體有很多工具可用。

包括為竹塹去台灣環境資訊協會拜會祕書長陳瑞賓，也是那個時期。（插播一句：洧齊正在環資的幫助下，推進竹塹古厝文化公益信託。）

當時把這樣的訊息與資源介紹給洧齊，他用各種各樣的理由，排除了我的建議。除了現實因素、時間、精力、資金，與屏東縣政府關係，還有就是對社會運動的「我跟你們不一樣」。

從不認為我們不一樣，我們活在同一個世界裡，面對同樣的問題，怎麼可能不一樣？如果說，那時候的洧齊跟我們不一樣，只是因為面對同樣的問題，做出了不同的選擇。

竹塹九月被拆，進入八月已經得到很多關注，各類社運組織也都有參與，媒體也有追蹤報導，但必須承認，我們沒有無所不用其極，抗爭一方沒有把可能的空間用足。

時至今日，提及竹塹，總有朋友痛心疾首「如果當初……」，如果洧齊早一點做出改變、如果社運組織更早加入、如果媒體關注更多一些、如果怎樣怎樣……，可能竹塹就保住啦。但是我們都知道，這是一個沒有「如果」的世界。

願意做改變的　永遠是少數人

人與人是不平等的，如果你對公平正義有更多的期待，那就注定要承擔更多。必須再次引用那句話：「永遠不要考慮那百分之八十，他們永遠都是被動的。這個世界變得更好或者更壞，永遠取決於願意付出代價、做出改變的少數人。」當然我也知道，不管什麼時候，願意做出改變、付諸行動的人，永遠是少數人，不管台灣人中國人。

少數人的選擇，所有人的命運。我們所處的這個世界，可能因為少數人的選擇變得更好，也可能變得更壞。不付改變的代價，就要付被改變的代價，總歸是要付代價的。雖然我們可以選擇，選擇參與或否，即便參與也可以選擇時機，選擇率先投入自己，成為創造條件的人，還是等待條件具備再來加入，當然我們可以為自己的選擇與否找到理由，但是，窮盡怎樣的理由，都找不到「如果」。

摘錄一節洧齊抗拆時臉書裡的內容，能夠從中看到洧齊的改變。這段話寫於二〇一七年六月二十六日。那個時候，第一次強拆開動，洧齊與縣政府溝通碰壁，變成了一個手執大聲公的抗爭者，他是寫給那些覺得「我跟你們不一樣」的人，也是寫給曾經的自己。

> 自從兩年半以前，發現古厝部分區域在自辦市地重劃區範圍內，開始行政救濟，我們認識台灣土地剝削之嚴重，幾乎寸無完土。
>
> 台灣人民之所以大部分沉默，是政府用假新聞轉移焦點，以及下一代的福利預算餵食，公民覺醒時，這些謊言就要被戳破，政府希望大家不要醒，乖乖去投票所投票，回家繼續看著新聞叫罵，不需要瞭解都市計畫委員會在幹什麼、不需要瞭解環保局法規解釋、不需要瞭解什麼是地方自治，那些都太麻煩了，只要放心的把國家交給我，國家通通會幫人民作好好，人民值得這樣被對待。

這些話是幾個禮拜前，洧齊去向某位立法委員陳情時，他親口說的話的部分，但是不用擔心，下次選舉他還是會高票當選，因為公祭的時候，他握著香，頭壓得比誰都還要低。

這些話也是去年洧齊向某位縣議員陳情時他說的話，但是不用擔心，即使十幾年的競選政見一模一樣，他還是可以單一選區最高票當選，因為他拜票時握著選民的手，比誰都還要真誠。

更因為，我們從來都不真正在乎國家變成什麼樣子。

直到，發現小時候的社區景觀消失、農村消失、眷村消失，到處堆積如山了營建剩餘土方，然後，一個掛著證件吊牌的人，在早上十點鐘按了門鈴說：「我們要來查估，你的家位於自辦市地重劃範圍內，要拆遷，我們會很公正的計算賠償給你。」

很多人有類似的經驗，他們還沒有搞清楚發生什麼事情，已經被原本擁立的資本主義世界排除在外，這個世界講的是弱肉強食，當他們剛開始理解獵食者與獵物的關係，意識到自己必須孤單地面對這一整個複雜的司法體制跟國家機器，和那些否定的言語：「你玩不過他們的」、「人家是依法行政，一切合法，你是違法的占有戶」、「社會是現實的」、「算了吧！要爭一世，不要爭一時」。

如此耳熟，似曾相識，他們在某一個夜深人靜的夢裡會想起，這些話是他們用冷漠的眼神，拋棄那些呼救的人說過的。

暫且稱呼「你」為他們的一份子。

你忘記了自己，連鄰居是誰都不認識，也忘記了自己曾經在困難時獲得來自他人的幫助，更忘記了自己是他們的一分子。

你只記得自己說話的語氣是多麼理性，也記得依法行政本來就是天公地道（雖然這個法是什麼你搞不清楚），更記得把頭轉過去，就可以討論下個月要帶家人去哪裡玩，而如今說得直白一點，你是被以前的自己遺棄了。

於是，當你要承擔「立法不公、行政怠惰、資本霸凌」，被迫犧牲了時間、丟掉工作、遭人誤解、奔波陳情，卻被拒於千里之外時，只是還債而已。

還給誰？還給過去被國家機器傷害的人。

每個人都難辭其咎

批評他人容易，認清自己困難。講大道理容易，做具體事難。

我前面批評別人畫地為牢自囚囚人，把問題一推了之，不管是推給國民黨共產黨，還是推給明規則潛規則。

但這一次沒得可推，竹塹存廢無干共產黨國民黨，無干紅線天花板，縣政府和開發商也都是本色出演，台灣的社運組織與公民社會，難辭其咎，我們，每一個與此相關的人，每一個人都難辭其咎。

保護竹塹，我盡力了嗎？我盡力了。但沒有盡全力。

我給自己找了一個安全的位置，不願承擔更多責任。我確實是一個推動者，是「煮鐵釘的流浪漢」，但我也是用這種名義，讓自己有得可退。

因為我的付出已經夠多，沒有人能夠批評我。聽到「一個中國人這樣做，我們台灣人會不好意思的」，也會沾沾自喜。在與洧齊的交流中，我一直說自己只是「煮鐵釘的流浪漢」，強調推動者的身分定位，強調在地動員當地人的主體性，這麼說，非常政治正確，無懈可擊。

我不僅投入行動，也直言批評，似乎很有擔當，也就因此占據了某種制高點。竹塹被拆之前，洧齊寄望於他人的時候，我會說「沒有如果」：「我們必須想清楚，想清楚了就去做」；竹塹被拆之後，夥伴悔不當初的時候，我也是說「沒有如果」：「竹塹被毀，都是因為我們沒有投入。」雖然我用到的是「我們」，但實際上誰都清楚，不含我自己在內。

明知沒有如果，還是忍不住一再追問自己：如果再來一次，我會怎麼做？

在與推動主體目標定位需求不一致的時候，強調自己的推動者身分，強調別人的主體性，一直是我的一個「坎」。我很怕面對人際關係糾扯，特別沒有能力投入辯論。

二〇一一年在中國，當我與汶川大地震志願者團隊在推動自組織的問題上產生矛盾的時候，我的選擇也是強調自己的推動者身分，說自組織才是民主運行的機制，作為外部推動者，我不越俎代庖，當然有道理。但我知道還有一重原因：我怕一個人面對幾十上百人，不僅有關於民主自治的爭議，也夾纏志願者團體的繁雜事務甚至個人情緒，我無力應對。

時隔幾年，四月三日在美雅的咖啡館裡，我又回到了一個類似的情境。我是一個無所不用其極的行動者，從來都是，全力以赴做到底，但不是一個無所不用其極的推動者，那麼多年過去了，一直沒能跨越自己的侷限。六年過去了，我還是不能走入矛盾的細節。

不管是講到竹塹還是李明哲，我總強調，「這是你們台灣人的事，我只是來提出問題的，不能代你們回答面對」，這麼說當然沒有錯，但也是在迴避問題，先找到一個安全位置讓自己躲起來，其實問題不是不能回答，只是回答了就會有麻煩，擔心沒有能力面對正面回應之後的爭執。搶先確認自己的「局外人」身分，先找到一個安全的掩體。

作為一個行動者，在別人只說不做下指導棋的時候，我會說他們是站著說話不害腰疼，看上去我是一個行動者、看上去我比別人做得多，所以有資格這麼說，其實我跟他們，不過五十步笑百步而已，我用另一種形式一推了之。但是竹塹被拆，留下永遠的遺憾，永遠的悔不當初。我看上去是努力了，但我知道，自己沒有完全百分百盡力。

誰都可以找到理由，有得可退，但竹塹沒得可退。竹塹沒了，我們的理由滿天飛舞，有什麼用？

欠下的債，總是要還的。過去一年裡，那樣的糾扯一直都在，一直留到我寫這本書的時候，要用一年的時間來面對、一直悔不當初：如果有如果，會不會不一樣？

竹塹危機時，洧齊抱著亮亮向社會求援，要為孩子保住這一段歷史遺跡，留予後人。竹塹被拆之後，洧齊一家背井離鄉客居台中，抗拆多年的黎明幼兒園林金連園長提供住所。二〇一八年底，洧齊來過宜蘭一次，只有他一個人，雅琳沒有同來，她已經臨近產期，他們的女兒，即將出生。

洧齊的狀態很不好，各種壓力集於一身，包括著急找房子搬家。因為林金連園長已經接到拆除通知，因竹塹拆除無家可歸的這家人，再次無家可依，要找地方搬家。

洧齊一來就四處打量我租住的農舍，連說這裡好好，雅琳要是能在農村坐月子就好了。儘管知道林園長仍在拚命抗爭，知道洧齊只是隨口說說而已，但我下意識地有些緊張：如果他們來坐月子，我怎麼辦？至少第一步：怎麼跟房東說？

離開後不久，洧齊傳來簡訊：「今天接到林園長的簡訊，我們真的要開始找房子了。」

必須先交代一下我自己心裡的小劇場，我是思量一陣之後才回覆的。上次洧齊來，說到雅琳正在咳嗽，我給他一些自做的柑橘純露與柑橘製品，已經對很多朋友的咳嗽有效。這次，先問這個：「雅琳咳嗽有沒有減輕一點？如果需要的話，我再做一些純露寄過去。別的幫不了忙，希望能減輕一點身體的痛苦。」

洧齊的回應很快過來：「謝謝寇老師，告訴您，只是因為知道您關心我們的狀況，沒有其它意思。雅琳的咳嗽好多了。」——兄弟，我們都有其他意思又都沒有其他的意思，我們都被現實條件限制，被處境和擔憂扭曲，希望我們不要互相責備也不要自責，因為我們還要向前走，還要面對這個鬼馬荒謬的世界。

欠下的總是要還

寫這本書，是我的修煉，也是在為自己的欠缺還債。

上篇一開始跟著時間走，一路寫竹塹的故事很順暢，只是在寫到社會參與時有點猶豫。「靜坐常思己過，閒談莫論人非」，為了少說是非，只好含糊其辭混過去，主要寫自己所作所為，頂多把自己抹成一個插科打諢的喜劇演員，一邊寫一邊提醒自己：既不能太過驕傲，寫成一個表揚和自我表揚，又不能太過謙虛，謙虛到失真，整個故事就走形啦。

下篇就不那麼好混，我是當烏鴉嘴還是喜鵲嘴？按時間序和實際行程，我這一年經歷了很多事，完全可以寫成一個活色生香的台灣遊記小確幸，「好所在+好人+湊趣故事小啟發」，再鑲嵌好吃好玩小花邊，保證不會得罪人，十足喜鵲嘴，這樣的書，相信在兩岸都受歡迎有市場。但是最後，如你所見，我到底還是把自己變成了一個烏鴉嘴。我得到那麼多幫助，在台灣遇到了那麼多感人的人和事，偏偏好死不死把保護竹塹當成了貫穿這本書的主線。怎麼繞都逃不掉，必須回過頭來交代竹塹的結局，要面對自己的問題，「洪洞縣裡沒好人」，包括我自己。這是何苦來哉。

字裡行間能夠看出我漫長寫作過程中的變化，因為顧慮重重，寫起來吞吞吐吐，欲說還休，繞來繞去寫一堆，但我保留了這些痕跡，讀者可以看到我做這份功課時的變化。

埋頭做事半輩子，沒有想到我會在台灣變成了一個批評者，政府和企業都應該是中性的、是中立的，但事實上，政府偏保守、企業更趨利，驅動社會進步、維護社會公平的根本力量是社會力量。這是責任所在，責任面前，人生而不平等，社會責任面前，社運組織生而不平等，就應當承擔更多。

以為只說不幹容易，其實也不容易。對我來說，埋頭做事更簡單一些，大不了出力流汗碰壁摔跟頭而已，說話說輕了，別人根本沒明白你是要做批評，講重了言多必失，不僅得罪人，還暴露自己一身破綻。

說到底，所有這些糾結與顧慮，都是個人得失。這是我的囚籠，我的限制。寫作期間讓我最痛苦的，居然不是面對中國未來、台灣侷限這類大議題，而是我生活中的瑣碎事。在此務農，猶在天堂，但我在天堂裡遇上一個魔鬼室友，我一直害怕面對人與人之間的衝突，受不了對自由的干涉、對個人生活的介入，對敵意與汙辱格外敏感。雖然各居一室，但在同一屋簷下共同空間，也帶給我巨大的壓力，不得不與之共處的四個月，成了我人生裡的噩夢，不僅毀掉了我的寫作計畫，連人都瀕於崩潰。

終於擺脫那段生活，回頭再看，不過都是小鼻子小眼睛的事情。我曾經走過牢獄之災，經歷過大奸大惡生死選擇，但是僅僅一個不得不共處的室友，給我的恐懼，也許更甚共產黨的牢獄。

這種切身的痛楚，讓我反思自己對於台灣社運的批評，是不是太過站著說話不害腰疼？我與此地沒有關聯，既無歷史積累，也無現下情仇，還不存在對於將來的思量。但對他們來說則不同，各種抬頭不見低頭見，各種現下糾扯與未來牽連，都與現實生命息息相關。

「愈是我們台灣人愈不好說，反而外人沒有負擔。」、「就像人人都看到了皇帝沒穿衣服，最後還是由孩子說了出來。這樣的話，反倒是由妳這樣的中國人來說，可以暢所欲言。」我空降此地，享受前輩的成果，我可以沒有負累、不帶目的在行走當下，無事一身輕才能夠看到這樣的一個台灣，這種「置身事外」的身分與視角，是一種幸運和機緣，也是一種責任。我沒有糾扯拖累歷史包袱，台灣社會的積累，讓我受惠良多，把這樣的話說出來，也是我的責任。

我能得到這樣的機會，有賴太多人此前的付出與成全，因為有台灣前輩的努力與積累，才讓我得以在今天進入村莊，享受到這樣的幸福。因為有台灣的積累與開放，才能夠讓我在過去的一年裡，有那樣的經歷，看到那些問題。經歷了很多糾結，還是決定把這樣的話說出來，我要誠實面對自己。

在這借來的時間、借來的地點，幸福不是借來的，是我自己的。煩惱和責任也一樣。把這本書寫成這樣，是我的修煉。

我的期末考卷

感謝台灣民主基金會，支持我以這種匪夷所思的方式，探究台灣的民主、民主在台灣，而且，包容我對台灣民主的批評。二〇一七，當我結束這一年行腳，年末的報告題目就是《開放社群與組織的組織化——被覆蓋（忽略）的台灣價值》。既談我這一年萬里行程看到的台灣價值，也談我的遺憾，以及這種價值為什麼會被覆蓋被忽略。

年末報告在一個咖啡館裡，枯燥的題目配上美味甜點，非常有台灣特色的發布方式。那時候我已經確定要來宜蘭務農，我未來的農友、「倆佰甲」發起人楊文全，也來聽我的彙報，那天他提前到達，先去旁邊的書店翻書，看了一位台灣學者、也是社運人寫社會運動的書：「前面寫了很多社運年代的經典案例，他講這些案例在台灣社會轉型中的作用，我也都經歷過。翻到最後一章看結論，他說社會運動的目的就是取得執政權。」這種結論讓我大跌眼鏡，楊文全也一樣：「到此為止，看到這裡就可以放下了。作為社運人、作為這方面的學者，你的眼光到此為止，如此而已。」

作為捍衛公平正義、推動社會進步的力量，社運人士、社會運動如何理解自己的歷史使命？如何標訂自己的當下目標？

誰都不能摧毀你，除非自設藩籬；誰都不能剝奪你，除非自我監禁。台灣的網路沒有敏感詞，台灣的教授沒有「七不准」，生活在自由民主中的台灣人，你怎麼標訂自己的目標、選擇怎樣付諸行動，決定了台灣會有怎樣的未來。

「妳怎麼看台灣？」是被台灣朋友問到最多的問題。在台灣經常聽到一句話：「因為有中國，台灣問題不只是台灣問題。」當我在探討台灣社會的問題時，也想借用這句話，「因為有中國，台灣的問題不只是台灣的問題，台灣的價值也不只是台灣的價值」。

我帶著這樣的問題行走台灣，一萬里路，經歷各種各樣的台灣故事，之所以用這種方式把這些故事穿綴成書，是因為這些故事、這樣的脈絡，回應到我的這些問題。相信問這個問題的台灣人，真正關注的不是我的感受，而是台灣本身，重複自己和別人已經有過的感慨和讚美沒有意義。

我的回答夾纏在故事裡，用了一本書的篇幅欲說還遮掩，在此用三組對照詞明確表達，被我解讀的都是遺憾和問題：

一、「愛與寬恕」&「恨與恐懼」。「愛與寬恕」語出林義雄，不僅是為民主自由付出生命代價的台灣人夫子自道，也以此標訂了一種社會轉型、時代進步的境界。自然沒有人把「恨與恐懼」當成口號，但操弄民意的手段和逃避責任的藉口無處不在，在民主自由之後的台灣，對國民黨的恨、對共產黨的恐懼，成為無形羅網。談到因之壓低的公共論述和自我矮化的社會定位，台灣朋友也深感憂慮，但只私下聊起，不會見諸公共言論，因為談及這類話題，非常容易被標籤為「藍營」或者「親中」。

二、推動 & 制約。社運組織的發育是台灣社會運動、民主轉型的寶貴財富，不要變成負資產。在國家機器、企業資本兩重權力結構之外，台灣的社運組織擁有了相當的話語權和資源，要警惕第三部門權力化，成為又一重權力結構。社運組織、第三部門天生應該為公平正義做承擔，如果原本組織社會、推動進步、實現公正的力量，變成了分割社會、制約參與、妨礙公平的因素，愧對歷史地位與社會角色，枉費民主體制社會基礎所給的巨大空間。

三、小道理 & 大格局。個人，大處不算小處算，對大原則視而不見。翻來覆去講的都是小鼻子小眼睛的道理，理據扎實、論述完整，對社會問題不作為、不參與理由充分。公共論述，那麼多優秀的頭腦在細枝末節裡盤旋，在統獨情結、國族意識裡纏繞，忽略覆蓋了最根本的台灣價值，甚至對民間努力、對既有成果視而不見。

把什麼烙進我們的生命並成為基因？

這一年間，與台灣朋友就這類話題有過很多交流，許多人都提到了，當年大家必須戮力同心對抗大魔王，如今時過境遷，不能用社運年代的組織動員團結付出要求當下，社會運動有自己的規律，民主化之後波谷起落亦屬正常。我的問題是：站在今日當下，我們如何回顧昨天？

強國崛起陰影之下，台灣失敗主義瀰漫，也許會烙在一代人的基因裡。

在「對抗大魔王」的過程中成長的台灣社運，基因裡寫下了什麼？威權年代裡奮不顧身挑戰黨國教育，最可貴的是那份對抗和反叛，但這種鬥爭特質戰鬥精神，會不會也成為基因裡的侷限？

不論是在社運當年，還是實現民主轉型之後的現下，每個人都躲不開要問自己「為什麼」？回問自己昨日初心，其實是為了如何走向明天。當年投身社會運動、關注社會問題，是因為對民主自由公平正義的嚮往，還是因為對威權統治、對某個黨派某些人的仇恨？

我也知道這不是排他選擇，無法完全徹底區分清楚，但在實現了第二次政黨輪替之後的今天，如果不面對這個問題，不追根求源思考自己為什麼投入，也就難免在今天陷入糾扯、失去動能。個人如此，社運組織也一樣要問自己這個「為什麼？」問自己職志使命所在，是為了取而代之得到執政權，還是為自由民主公平正義的未來？

我這樣表達自己對於台灣的感受，因為我所關注的，同樣是台灣本身。相信讀者能夠理解我不是信口開河、只為說話而說話，是為了面對我們各自的侷限。

說過了感受和問題，再說我看到的解方。

一、社運素人。用行動衝擊被壓低的公共論述和自我矮化的社會定位。在屏東幾個觀察案例中，社運素人的出現，可以拉動刺激社會組織，他們的前期基層工作，創造條件給社運組織，搭建了表演的舞台，將議題加溫，也比較容易吸引更多力量加入，產生一系列裂變，又可以衝擊既有的話語權力分配格局。當社運日漸職業化、專業化，一旦議題曠日持久又無法進入社運組織規則日程，在地社運素人不受專案立項考評指標的羈絆，往往成為抗爭馬拉松的決定因素。

二、公民責任。顯然沒人期待企業資本承擔社會責任、維護道義公平，愈來愈多的人不再寄望於政府。但是寄望於社運組織和社運素人行俠仗義同樣不是辦法，都是在迴避屬於自己的責任。我見證了洧齊承擔社會責任方面的變化，現在翻看他的發言之後的留言，經常會看到類似的話「加油，台灣就靠你了。」我忍不住想問這樣的人：你自己在哪裡？應對社會問題最根本的解方，不是一兩個社運素人跳出來成為新的領袖，而是更廣泛更普遍的公民參與，只有這樣才會帶來真的改變。第三部門的權力不是得自國家賦予和資本支撐，是公眾給予的，公民參與可以直接作用於社運組織，推動社運組織運用既有優勢資源發揮作用，活躍的公民參與制約第三部門權力化的作用也更明顯。

三、開放性。歸根結底，回到一個根本：開放性。再具體一些，具體到我已經在台灣看到的實例，是開放社群這種組織形態。開放社群，讓我看到了消解扼制威權產生的可能性。在深溝務農，進入這個開放社群，體會到開放組織與既有社會系統與傳統封閉型組織之間的共容並存關係，體會到網路時代開放環境下另外一種變革模式，不是肉體消滅，也不是選舉顛覆，而是一個共同生成的巨大空間。這種組織形態的意義不止於台灣、不止於中國，是對人的組織形態的貢獻。

台灣價值被覆蓋　人人有責

透過前面的三組對照詞和保護恆春竹塹的案例，我不僅看到了珍貴的台灣價值，也看到了這種價值是如何被覆蓋、被忽略的。屏東綠板一塊，兩任縣長雖屬不同派系明爭暗鬥，但論口碑都還不錯，竹塹被拆，無干國民黨共產黨，企業資本和綠色政黨、還有我們所有人，共同寫下了當今這一筆台灣讓人惋惜的歷史。

「這是台灣吔！」洧齊一句話，可以作無數解讀。因為這是在台灣，沒有長城也不必「翻牆」、沒有法律限制，完全有可能用當下作為寫下不同的歷史結局。恆春竹塹，是台灣的歷史，竹塹被毀，是台灣的當下，也是我們所有人共同寫下。竹塹事小，其實很多事情都一樣。追根求源無干國民黨共產黨，說到底，是毀在自己手裡，是當下共業。這個世界總有人要做積極公民，有的主動、有的被動。總有一種東西，所有人要共同面對，或是責任、或是後果。

如果，如果，如果多一點人站出來面對責任，就可以不必面對如此不堪的後果。也有人說，種種積累已經是歷史事實，要等這一代人過去之後，等到下一代從新開始。我能夠理解種種前因，知道所有的理由都有事實依據所來有自，但不接受這種推託。這麼說是不負責任的。歷史沒有如果，時間不可以重來，台灣不可能重新經歷一次轉型，是生活在當下的所有人所做所為共同標訂了社會轉型的品質，生活在當下的所有台灣人都是同一個世代的人——台灣的轉型世代。

不論是八、九十歲的前輩，還是二十一世紀後出生的新世代，不論我們用什麼座標劃分世代，台灣社會的轉型，就是在這個年齡跨度極大的世代手中完成的。

當下的一切終將成為歷史，站在歷史的角度回望今天會看到什麼？相信誰都不願意看到千年百年的積澱毀於當下，看到被恨割裂、被恐懼囚禁自囚，看到取得了執政權的反抗者，正在成為自己曾經反抗的人。

總有一種責任躲無可躲

寫一本這樣的書表達我的台灣觀感，是我真正的期末考卷。這是一本冒犯之作。冒犯的，是那些負有更多責任的人。責任面前，人生而不平等。社運組織生而不平等，應該為社會公正擔負更多責任。

二〇一九年一月五日，與老朋友美雅、吉洋一起再返屏東。沒有驚擾鍾益新，他正在與自己的蘭花一起慢慢恢復。

我們先去屏東後灣，探訪黑貓姐。去她家要先經過海生館，經過那片被保住的陸蟹棲地，我們沒有停車也沒有減速，但心裡有感動、有欣慰，有成就感。雖然車上幾人參與有限，但這是所有人的財富，也是所有人的勝利。

走進熟悉的安佳春農場，驚見好大變化。原本樹間有一片露營區，是黑貓姐老父所留，我每次都是帶了帳篷住在戶外，享受這裡的風聲天光以及海濤的氣息，但這一次不行了，露營區被拆除了。

黑貓姐說是自己動手拆掉的，不想被墾管處來強拆。

「為什麼？不是說十年之前建成的都可以就地合法化嗎？」同行朋友不解，他是當地人，更瞭解墾丁國家公園整頓的法規。

但法規是由人來執行的。雖然已有超過二十年歷史，還是遇到了麻煩。陸蟹的家保住了，想不到，保護陸蟹的人的家，卻拆掉了。

自然系統和權力系統都有自己的規律，無視自然規律，人類會遭報應，比如物種會滅絕。無視權力規律的人也會遭報應，比如天怒人怨的黑貓姐。物種滅絕我們無干痛癢，被權力報復，卻能起到殺雞儆猴的作用。

離開後灣，再探恆春張家古厝，我曾經熟悉的地方，再無竹風如雨。那片隨風搖曳了一百多年的竹塹，如今已經被挖到一絲不剩，就像從來不曾生長過。

一陣風過，吹過重劃區非重劃區，吹過百年古城和千年萬年虎頭山，但此地再無綠影扶疏，也許有一天，連那些幾百年愛恨夾纏的故事也無蹤跡，就像從來沒有發生過。

我還是要留下一點紀錄與思考，不甘就此歸於空、歸於無，就像從來不曾有過。

這麼做，有用嗎？

我不確定，但還是要做。

後記

沒有人是局外人

世上有一萬種可能
卻只有唯一的你我
其實我們沒有別的選擇

二〇一七徒步萬里，在正文上下兩篇已經梳理完畢。借這一則長長的後記，梳理我自己。

借來的時間與地點　幸福不是借來的

台灣，是一個能夠讓人得到幸福的地方。

我來深溝務農，是帶著目標與任務的，要在這裡體驗開放社群。我要先完成這本書，才好全心全意投入新的生活。二〇一七初秋確定種田就開始寫，十二月租下土地的時候，我給自己的時限是：最好在春節假期完工，最遲最遲的死線，是三月插秧之前。但是，親愛的讀者，如你所見，我的「死線」一路後撤，全線失守，這本書從二〇一七寫到二〇一八，又到了二〇一九。

罪魁禍首是：此地誘惑太多。最大的誘惑，是下田。

生命真的很神奇，可以藉由一個素人農夫的手見證很多變化，堆滿瓦礫的房前變成了菜畦，蛛網密布的屋後變成了花園。當然也苦也累，但沒有畏懼和厭倦，務農至今，我人生最大的娛樂活動，一直都是下田下田下田。

第一次種稻，與一方水田親密接觸，從整田育秧開始全手工操作，收穫的糯米被我親手加工，變成麥芽糖、甜酒釀、糯米甜酒和蒸餾米酒。

第一次開荒，將高可及胸的草地變成一片真正的田，收穫了吃不完的菜，還將收穫玉米和黑豆，再以後，也許還會有黑豆茶或者黑豆酒、黑豆蛋糕。

第一次撥動琴弦，在村莊裡得到了我人生第一把烏克麗麗，還有高手農友志願教學，每周一次聚餐練琴。我的琴不是買來也不是借來，而是農友上網徵集換得，用田裡的產出，換這把閒置的琴。這樁交易帶來很多後遺症，每當我走過稻田，覺得隨風搖曳的秧苗，每一株都是音符。要知道，從我家出門往任何地方走，都要經過稻田。

向來閉關寫作，但是這一回，我的家門和心門，沒有一天關上過。

我的田園　我的

另外太多的誘惑，來自我的村莊。我的村莊，彷彿天堂。

從住處走路下田只需十分鐘，我的田埂上有一棵樹，每天搴草撿螺之餘，倚著樹蔭，聽那些秧苗不厭其煩演奏同一個樂章：歡樂頌。

耕作之餘，除了烏克麗麗，每周參加四個課程，每一個課程都彷彿為我量身打造：

騎單車穿越稻浪音樂海十分鐘，有社區大學的「夢想新農」水稻班；

單車二十分鐘，社區大學蔬菜班；

單車四十分鐘，越過蘭陽溪，慈林基金會政治家研修班；

單車七十分鐘，過蘭陽溪再過冬山河，穀倉咖啡館哲學課。

穀倉是這些課程裡最遠的地方，一對從法國回來的畫家夫婦，自己動手讓廢棄老穀倉起死回生，不僅有咖啡美酒和美食，還有左手香和玫瑰——他們稱哲學課為「春天裡的玫瑰」。

宜蘭多雨，不下雨的時候，穀倉哲學課結束之後，我會把單車丟給農友幫忙載回，自己跑步回家，二十幾公里恰好一個半程馬拉松，一路風景美到沒有天理。自信不乏想像力，但來此之前仍然無法想像，怎麼可能有這樣的生活？最大限度地滿足了我現實生命的需求和精神生活的想像。

每一個人、每一種機緣，都有十年幾十年積累，才能在此時此地得遇。在這些積累之後，是他們前輩先人幾十幾百年積累，才能夠有今日此時的台灣，這個能夠讓人得到幸福的地方。

不只課程顧田，還有各種釀造此起彼落，水果酒、糯米酒來者不拒。耕讀釀造之餘，與農友聊開放社群前世今生，或者聊我「可操作的民主」，這樣的生活，不是在追求幸福，而是幸福本身。

與幸福和解

「台北不是我的家，我的家鄉沒有霓虹燈」，台灣不是我的家，我的家鄉沒有這麼多幸福。

一百多年前，馬克思詩意描繪未來：「早晨打獵，下午釣魚，晚上養牛，吃完晚飯後討論哲學問題。」我的生活，恍惚先哲的未來想像，如在夢中。

接踵而來的幸福應接不暇，從生命裡滿溢出來，因幸福而不安、而歉疚。

曾經以為，我的歉疚與不安是因為太多來自中國的消息，不斷有這樣那樣的人被抓，不管我是不是認識，不斷有這樣那樣的事發生，不管跟我有沒有關係。但是探尋那些歉疚不安的源頭，卻是這些幸福本身，我不會接受、不會享受幸福。

歸根結底源自我生命裡的缺失，是我自己生命裡的傷。這些傷和缺失是有需求的，從事公益事業、承擔公共責任，對抗不公正、不公義，可以回應到那些需求，但也會讓人失去自我，成為社會期待和自我標籤的囚徒。

「我需要時間和空間，讓噬人的種子成為種子，該發作發作，該開放開放。我需要做回自己，讓屈服脆弱和堅強勇敢各歸各位。我和那些傷，都是有生命的，都需要經歷某種歷程，各自生長。相信我終有一天可以收割那些成長，真正好起來。」這段話是我上路之初寫下的，被我用在這本書的最前面，時時提醒自己。

我要奔向未來，就必須安頓當下；要安頓當下，必得面對過往。我選擇了獨自行走這種方式，陪伴自己的身體慢慢復甦，給生命一個新的開始。我也慶幸自己擁有行動者與寫作者的雙重身分，付諸行動，滿足了參與的願望，又因寫作抽離出來反省思考，讓自己有所覺察。我寫台灣民主觀察，寫對台灣社運的思考，其實也是在面對自己的侷限與傷痛。

因幸福而失重，讓我發現那些傷仍然在經歷自己的生命歷程。室友的窺視和限制，之所以會給我帶來如此大的壓力，因她勾連到我的「被監禁感」。當然我也知道，自己生命裡的缺失和限制，不僅來自那次牢獄之災。

個人生命的困擾，與筆下台灣社運組織的種種交織纏繞，任何侷限與傷痛都所來有自，牽連到生命深處的積累，牽連到父輩祖輩的積累，都是生命別無選擇的因緣，所有前世因緣現下情仇，都在當下交匯，只能與之共存。

問題是：是我化掉過往，還是被過往化掉？

我必當經歷這一重考驗，才能夠真正獲得自由。

因為生命裡的傷痛，失去擁抱幸福的能力，和成為仇恨的囚徒，同是人生困局。學無止境。人生一路走來，一直在學習。學習與心中的社會願望和解、與使命和解，如今則在學習與幸福和解。

親愛的，妳要溫柔地對待妳自己，就像那些責任是妳應當承擔的一樣，這些幸福，也是妳應得的。

幸福，應該是那些傷痛最根本的解方，雖然我的成長尚未完成、還不到收割的時候，但我在學習接受這個漫長的過程，對幸福不歉疚也不焦灼，學習安放那些不安與歉疚，擁抱幸福。這是我的幸運，也是我的功課。

必須承認，就算寫完這本書，這個過程仍未完成。

讓開放活起來

務農與寫作期間，朋友來訪。我說到自己未來的規畫，不是作為單純的觀察者，而是此時此地開放社群的一員，用行動加入其中，用自己的方式，推動這裡的開放性。以我一慣的行動者特質，都不是說說而已。

朋友當即問旁邊的年輕農友：「你覺得，扣子的加入，給這裡帶來了什麼改變？」

我明白這個問題想得到什麼，我也期待聽人誇自己幾句。

但是沒有想到年輕的農友說：「我不覺得什麼人會給這裡帶來什麼改變。這裡不會因為誰的加入、不會因為誰做了什麼而改變，我們都是在做自己。」

這個回答讓我驚豔，遠比誇我更有深溝特色、開放特色。

什麼人的加入，都不會改變這裡，是因為改變已經發生。

二〇一七，我用一年時間尋路台灣，尋尋覓覓得開放社群。二〇一八，駐足宜蘭學習成為一個農人，加入到這個開放空間裡，我要用自己的生活，實踐開放性。

讓開放性活在自己的生命中，活在日常生活的細節裡。

那就先從眼下的寫作計畫開始吧。

這本書就是一個開放性工作的產物，開放了這本書的後期成文過程。不僅因為寫的是台灣，是我不夠瞭解的一個世界。更重要的是，我在行動中尋得的結論，是開放性的價值與意義，就應該可操作可踐行。我看到了開放性的價值，並認定它是未來的解方，那我就要去嘗試。

任何開放社群的形成與運行，都是一個動態過程，而且發起人注定要付出更多，我也將在這個過程中，體會自己的付出、個人承受的邊界，收穫與付出的轉化。

包括我未來的寫作計畫，「可操作的民主」第二部《一個個人的民主化進程》的修改，和第三部《沒有老大的江湖》寫作，同樣準備變成開放過程。《一個個人的民主化進程》寫我自己二十幾年的嘗試，《沒有老大的江湖》寫台灣案例。民主的推進在中國，民主的深化在台灣，其實都是同一個議題。即使是在中國，有牆有天花板，有這不行那不許，但建設社會的努力，也仍有可能。即使是在台灣，深化民主也仍然是一個不容迴避的問題。網路時代，開放社會，照樣有侷限與藩籬，台灣自身民主的深化，和對中國的作用，都有無限的空間。

這種無限空間與可能性又不僅止是存在於未來，它是和我們每一個具體的人，當下現實的行動可以產生關聯的。不僅要看到中國因素泰山壓頂，每個人都概莫能外，我們也可以用自己的方式，作用於中國的改變。

在這個開放工作群組裡，最初我面對的是一個問題：「你們中國人都這樣嗎？」後來變成了一句感慨：「妳比台灣人還愛台灣。」

回答前一個問題，前面有過不再重覆，二〇一七年我是與強拆賽跑的行動者，二〇一八年我是梳理過往的寫作者，同樣都是講竹塹歷史、公共參與，談台灣社運的問題。不同之處在於，二〇一七年我的目標是拉動參與，多是面對面交流，時間有限，難免激烈偏頗，很容易跟人陷入爭論。一旦就某一個點、某一句話引經據典進入爭論狀態，不僅對拉動參與於事無補，以我那點可憐的學養，全都是必死之辯。

如今，我用一本書十幾萬字寫那段歷程，雖然學養還是一如既往地差，但是不必隨時隨地被爭論帶離表述現場，能夠有社運篇幅把話說得系統完整。讀過這本初稿的朋友開始愈來愈多地感慨：「扣子，妳比台灣人還愛台灣。」

呵呵怎麼會？自然還是台灣人更愛台灣。

我只是愛生活、愛自己而已。只是本著愛生活、愛自己的本能，做了自己想做的事。但我也知道，每一份愛，都是一份責任。

不僅止於書稿的修訂，寫作之外的農作與加工，包括我的生活循環，也試著做成一個開放性的實驗過程。包括我的吃吃喝喝體驗課，也包括一本吃吃喝喝有關的書的推廣。

「這麼做有用嗎？」

又回到了那個亙古不變的問題。

在任何事情行動的當下，當我面對這樣的問題，都只能說「沒用」。我承認自己力量微弱，承認做任何事情都沒有立竿見影的效果。

在中國　這麼做有用嗎？

這本書從二〇一七年尾寫到二〇一九年中，經歷了兩個五月十二日。二〇一八年的五月十二日，是汶川大地震十周年。

當年行走災區，被人問過無數遍：有用嗎？我只能說，沒用。

我們是震區僅有專作這種服務的機構，各種難度，前面已經說過不重複。我自己幾年時間泡在四川，一百多位志願者的精力心血，只能陪伴幾十個受傷的孩子，相較數以十萬計的受傷者，做什麼都無濟於事，沒用。

最讓我痛心的，是那些孩子跟我相熟之後，會問的一個問題：「妳什麼時候走？」他們已經習慣了走馬燈似的「獻愛心」、習慣了來來去去的志願者。天災人禍之後，我受不了孩子們再被「公益組織」、「公益行為」傷害。對政府和企業從來無話可說，我只批評社會力量。

一番番始亂終棄的「公益秀」背後，是我們公共參與的結構性問題。

除了批評，我能怎麼做？

必須承認，面對這樣的結構性問題，任何個人與組織都無能為力。

那就換一個角度，針對一個具體孩子的需求考慮：我能怎麼做？必須用具體的行動，回應具體人的具體問題，我的批評才有意義。多年下來的執行經歷，已經讓我形成了應對具體問題、專注個案的工作習慣，我至少要回應這個孩子的具體問題。

我不能騙那孩子，說「我不走」。我畢竟是個外來人，一定會離開，但可以對每一個與我直接牽手的孩子立一個承諾。我與那些受傷的孩子建立連接，立下的是一個三年之約，我要保證自己三年不離開這裡，事實上也做到了。我還要在這三年之中，建立志願者團隊，並推動自組織運行，在受傷小朋友自組織和志願者自組織之間形成穩定持久的連接，建立可持續的、用生命影響生命的關係。

我們要建立一種可持續運行的機制，不僅可以避免帶給孩子新的傷害，也通過志願者團隊中自下而上的自組織網絡建設，回應社會公共參與的缺失，這個結構性問題。

並不是給受傷的孩子找到了願意提供長期陪伴的志願者就一了百了。每一個孩子的問題都是一系列問題，治療、求學、就業，還有他們的家庭面臨的困境，每牽手一個孩子就會遇到數不清的問題，這是結構性問題在每一個孩子身上的投射，很多一腔熱情的志願者，就是被這種無窮無盡又無力回應的問題困擾、傷害。

想避免對志願者的傷害，要有可持續的對孩子的物質支持系統，和對志願者的非物質支持網絡，都是從無到有的系統工程，當你決定面對任何一個具體問題的時候，就是在面對整個社會的結構性問題，我已經寫了一本書《一個個人的民主化進程》的草稿，在此跳過。

有一個孩子的家，我去過無數次。她的生日是五月十三日，她收到的十三歲生日禮物是截肢。在我們共同走過兩年之後，她在給大朋友志願者的信中寫道：「感謝那次地震，因此認識了你們，讓我覺得幸福。」說這話的時候，這個孩子只有十五歲。

七十四個廢墟下死裡逃生的孩子，一百多位與孩子結成長期連接的志願者，還有數百參與服務的志工，每個人都有一個長長的故事可以寫一本書，但是，所有的一切，在大災難面前都渺小得不成比例。

這麼做有用嗎？沒有用。我們杯水車薪，小到根本可以忽略不計，小到必須忽略不計，不管做什麼都無助於改變這是一部苦難史、血淚史這個事實。

但是，對那個孩子來說，有用，對我來說，有用。我們的努力不能改變那段血淚苦難的歷史，但能讓一個具體的生命，在這樣的背景下，體會到幸福。

在絕望中見證改變

轉眼距離那次災難十年過去，我們撤離村莊已經六年，機構註銷也已五年，我還經歷了牢獄之災。重獲自由的我，第一通電話是打給兒子，第二通給志願者。她說我們和小朋友的連結都在，醫療、助學、心理支持和就業諮詢，以及新開拓的志願服務，所有的事情都沒有中斷。又說，志願者自組織為二〇一三年雅安地震災區小朋友提供的服務也在繼續。還提到了已經考入大學、成為雅安災區服務志願者的小朋友，「跟人學人跟樣學樣，跟著我們學自組織，這個寒假，他們自己組團去了雅安做回訪……」

我們這麼做有用嗎？沒有用。做什麼都是螳臂擋車，根本無法阻擋中國的倒退。

但是，即使在大倒退中，我們所做的一切，正在作用於中國的改變。那次突如其來的牢獄之災成了一次檢驗。不是我個人通過了考驗，而是參與其中的所有人，我們的自組織系統，我們不僅在用生命影響生命、傳遞志願服務，也在傳遞自組織意識與組織能力，不僅在改變自己，也重建人與人的信任與連接。不管這個世界有沒有看見，在苦難最深重的地方，改變已經發生。

這麼做有用嗎？

對那個孩子來說有用，對我來說，有用。

改變，已經發生。

不管處境如何，一個對未來懷有希望的人，總能找到自己做事的可能。「眼高手低」是個有貶義的詞。但我一直要求自己做一個眼高手低的人，如果有什麼不足的話，是因為我的眼還不夠高、手還不夠低。一再提醒自己低一點再低一點，不怕弄糙自己的手，不要怕事情太小、投入太大。

二〇〇八年的五月十二日，對我而言，有著特別的意義。那一天，不僅有大地震，我作為「媒婆」，邀集幾位同伴開啟一個合作，把來自美國的《羅伯特議事規則》「嫁入」中國農村合作社。

安徽省阜陽市潁州區三合鎮興農合作社，由中國第一個農民維權協會演化而來，我們與平均年齡超過五十歲、半數文盲的合作社成員，一起實現了議事規則本土化，由六十萬字《羅伯特議事規則》中提取出來的簡化版民主議事工具〈南塘議事規則十三條〉，不僅用於合作社內部事務、用於各類社會機構間合作，亦用於與政府、企業的互動。

「民主」在中國，一百多年來一直是熱議話題，既有源自官方的民主素質論（中國人素質太差，不適合民主），也有民間的民主前提論（不解除一黨獨裁、不開放選舉，不可能實踐民主），如此極易陷入無解論述，讓民主在中國空談百年，但也僅只話題而已。

「民主」是個大詞，我不看它高不可攀的那一面，而是付諸行動時，民主不僅僅是理論理念理想，是我們尋常生活中人與人之間的連接與互動，也是開會議事的工具，可操作、可學習。議事規則在農村幾年運行之後，我寫了《可操作的民主》，出版後，不僅獲得當年多項圖書獎，也引來政府購買，將議事規則服務用於城市社區治理實驗，「民主素質論」不攻自破。

這本書似乎一炮而紅，但在背後，是議事規則百年積澱，有合作社十多年嘗試，有我自己二十年摸索，有眾多眼高手低的努力，在用自己的生命付諸實踐。

不付諸行動，改變如何可能？十幾年前的農民維權協會，不過是不甘被村幹部欺負，一百多年前的《羅伯特議事規則》，不過是不想開會變成吵架。那就從身邊最細微之處開始，眼高手低付諸行動，不要怕「手低」，付諸行動才有可能讓改變發生，這些事情開頭足夠低，但都結出了能夠影響結構性問題的果子。

當下中國的變化，讓人絕望，說到民主，更加有理由絕望。但在絕望中也有這樣的經歷：二〇一五年我得脫牢籠，有一位不認識的小夥伴請人轉達「向寇姐說一聲謝謝」。謝我的原因是：此前與十幾位不同機構的女權同仁為一次合作溝通遇阻，談崩後一人發了一本《可操作的民主》，看完之後學以致用，再次回來開會，不僅達成了合作，還催生了一個新的聯合組織。

這樣的故事，和那些遍體鱗傷的小朋友的「幸福」一樣，支撐我走過人生的低谷。這麼做有用嗎？沒有用，無法阻擋中國的倒退。但對我有用，對我們有用。我們不僅在改變自己，也重建人與人的信任與連接。不管世界風雨幾何，我們知道，改變，已經發生。

二〇一九年的五月十二日，恰逢母親節，這一天成了我的「勞動節」，趕工校對《可操作的民主》繁體版清樣——二十幾年前中國人應對個人問題、社會問題所做的努力，經由文字匯流成為這本書，二十幾年後，又將經由文字被台灣人看到。

在台灣　這麼做有用嗎？

不管是做一件事如保護竹塹，還是寫一本書如當下，總會被問到「有用」與否這類問題，不論在中國在台灣。甚至還被專業編輯問：這樣的書，有必要寫、有必要出嗎？

這些問題不會改變我，但必須承認，讓人有挫敗感。

因為，我真的不知道有沒有用。

修改這本書的過程中，經歷了台灣的二〇一八地方選舉與公民投票，前面提到的兩個政治素人都當選了。都是連選連任，一個是柯文哲，首都市長；一個是蔣月惠，最南端的屏東縣縣議員。

不止一位朋友好意勸我：「最好不要提柯P」、「會讓人覺得妳是柯粉」、「這樣很沒品」。我知道這麼說有道理，也知道是對我好。但還是依然保留了說到柯P的那段話。

似乎全世界都在罵柯，不論是不是選舉期，當然選舉期間更熱鬧。不管民進黨國民黨說什麼，我關注社運人士怎麼說。

對我「政治素人」之說，有社運同道悲憤反問：「牛肉素？還是海鮮素？」——「牛肉素」者，除了牛肉什麼都吃，同理「海鮮素」，則是除了海鮮什麼都吃，好生猛有趣的說法。

有朋友對比四年前後柯的身體語言：「四年前確實是素人，現今政客無誤。」——我認同。

二〇一四年柯文哲大勝連勝文，誰都知道背後有民進黨在挺柯，二〇一八年，則是在兩大優勢政黨圍剿中勝出，第二任就職典禮只講一句話「我們就努力工作」。不僅在選舉中以一人而敵兩黨，簡簡單單七個字，讓所有政客嚴陣以待，不得不戰戰兢兢努力工作，拚市政服務、拚民生政績，這是什麼作用？其實是公民社會應有的作用。

理想的社會狀態什麼樣？不是哪個黨一統天下，偉大光榮正確，而是有一種力量，讓所有當政者和試圖當政者都戰戰兢兢，不得不比拚公平公正、比拚政績有效服務、競相取悅選民。

「黑暗女神」的無用之用

因為竹塹，與屏東結下莫解之緣。蔣月惠是屏東無黨籍議員，連續參選並落選，二〇一四年第三次參選，以「吊車尾」四千七百九十二票當選。這回第四次參選，以一萬零八百零六票，屏東縣第一高票當選。

她出現在這本書裡，與兩件土地抗爭有關，一是二〇一六年的龍泉，二是二〇一七年的竹塹。洧齊說，自己為竹塹的事求助多多，包括每一位縣議員，只有蔣月惠一人回應，而且一再上門，參加活動不遺餘力。強拆案比比皆是，但每一案都深不可測，不管立委還是議員，無論國民黨民進黨都避之不及，只有蔣月惠不避諱。民眾求助無門，這種事愈來愈多找到頭上，於是乎就成了抗拆女神，無役不與，讓她一夕爆紅的起因是抗拆，出現在這本書裡的原因，也是抗拆。

她在抗爭現場，不似政治人物作派，大多是頭綁白布條手拿大聲公，十足當年街頭運動風格。當地有人稱她「黑暗女神」，說這樣跟政府對立死定了。這樣做不僅沒用，於事無補，而且於己無益，都說憑她這種玩法，下一次一定選不上。

蔣議員的當選頗有戲劇性，我不多說，直接抄維基百科蔣月惠詞條：「……二〇一八年七月十六日，她因抵擋屏東縣政府拆除民宅，在過程中咬傷執勤女警，又在警局爆哭而引發爭議。後因自由台灣黨政策部主任溫朗東撰文，揭露蔣月惠長期服務身心障礙兒童的善行，並質疑屏東縣政府拆除民宅的正當性，使得蔣月惠的網路評論一夜之間翻盤，由黑轉紅。」

讓蔣月惠死裡逃生的是「溫朗東撰文」和「網路評論」，文人搖筆和鄉民上網都在「沒用」之列，但是，這一次，有用了。

這本書裡寫到蔣月惠的文字，全都是二〇一八年七月十六日以前的版本。在她爆得大名之後，我有意保留了最初的表達，不做任何修改，是為了能夠讓人看到，我是怎樣看待她在保護龍泉與竹塹的作用，那些無用之用。

如果說這仍是個案，再看統計數字，似乎亦可用來備註「無用之用」：二〇一四年屏東議會席次分配：國民黨十九，民進黨十八，無黨籍十七，占比不到三成。二〇一八年，國民黨十七，民進黨十五，其他黨一，無黨籍二十二，占比超過四成。

談及有用無用這類問題，說選舉不是好例子，更根本的，恰恰是選舉之外的公民社會。

有人受不了我把批評的矛頭指向社運組織、公民社會。這個前面已經說過太多，不再重複。

只重複說一句：社會責任面前，人生而不平等。

社運組織生而不平等，應該為社會公正擔負更多責任。

台灣的問題不只是台灣的問題，台灣的價值也不只是台灣的價值，是一種責任與可能性，對自己而言、對中國而言，都一樣。

自由民主，是人類社會的大禮，倘不善用，是否擁有，有何異哉？

陪伴自己的改變

寫這本書的過程，並不輕鬆。在這個天堂般的地方，幸福是我自己的，煩惱也是。

至今仍對自己「人在台灣」這個事實有些恍惚，特別是沉浸在寫作狀態的時候，恍然忘記今夕何夕、身在何處。

寫作半輩子了，不論寫中國、寫香港、寫台灣，其實都一樣，都是作為一個行動者在寫當下，都是作為一個母親寫給未來。

很慶幸自己擁有行動與寫作雙重身分，在浩瀚如海的社會問題中，找到一個具體的小事投注進去，付諸行動，找到生命的位置，不再隨風飄盪。透過寫作又可以逼自己抽離出來，向外，想一想與這個世界的關係，向內，探尋與生命積累的和解、與未來願望的關聯。

每寫一本書都是一個修煉。曾經以為有朝一日能夠「脫胎換骨」，換得金剛不壞之身，以為自己在黑暗牢獄裡百鍊成鋼，出獄之後寫畢《敵人是怎樣煉成的》，覺得走過可能引發時代退步的風暴眼，已經看透恐懼，能夠面對自己。事實上，這個修煉的過程仍在繼續，不管是李明哲被抓還是魔鬼室友，一次又一次，讓我再次看到恐懼在生命中的投射。

感謝經歷，能夠讓我知道恐懼在那裡，也感謝機緣，讓我學著像恐懼不存在一樣，做應做的事。而魔鬼室友則在教育我，必須學會與那些傷痛共處，與自己生命裡的恐懼和解。

這個世界上沒有「如果」，就像不能選擇自己的出生一樣，無法重置過往，我自己也好、正在書寫的台灣社運也罷、還有心心念念的中國未來，都一樣，我們帶著自己的基因、過往，奔向未來。不僅台灣人「對抗大魔王」的鬥爭經歷會印下烙痕，各種「中國特色」也會融入我們的基因，成為現實行動和未來追求的限制、有形無形的牢獄囚禁，包括讓我失去擁抱幸福的從容。這一年間，晴耕雨讀、撫琴釀酒，學習與幸福和解，則是又一重功課。

已經懂得修為之路漫長，我要給自己更多的時間與耐性，陪伴自己慢慢成長。

我的釀造與寫作都在同一個空間，書桌又兼做工作枱，桌面下方是發酵中的糯米酒，它們被蒸餾提純之後，加料浸漬變成咖啡酒、黑豆酒、荔枝酒、龍眼酒，擺在右上的架子上，香氣浮動，到處都洋溢著釀造的氣息，酒香四溢。我在酒香氤氳的村莊裡陪伴自己，寫這本書，面對自己的收穫與侷限。

作為一個有強烈個性和明確自我的人，開放式寫作真的不是有效率、有成就感的選擇，面對不同的人開放自己，要面對無數個「自我」的衝擊和參與。在這個時刻，用這種方式結稿，遠不完善，但我要接受這種狀態。

這本書，片面、莽撞、冒犯，帶著明顯的個人特質。不僅有我自己大馬金刀的個性，也有一種異於台灣水土的語言風格表述邏輯。這本書，走一年、寫一年、改一年，不覺我在台灣，已經三年，就像一股來自曠野的風，在溫柔之鄉盤桓既久，慢慢少了那種不管不顧的衝撞。

饒是白目如我，已與此地漸生情愫，漸生牽絆，這一次重修書稿，一開始做出來的改動，自己看過小吃一驚：改動的那些用詞細節，精緻了，精細了，溫和了，也溫吞了，像是在打磨一塊鵝卵石。

以前的我不是這樣，「我如一個弄玉的匠人，與懷中璞玉彼此磨礪，這雙手和這顆心都傷痕累累」。我期許自己的寫作，既不迴避衝撞、又不為衝撞而衝撞，不管是最初的表達、還是現下的修改，希望能夠有意義。我期許自己的未來，不管是行動還是寫作，都有那種帶痛的快意，喜歡那種讓痛有意義的活法。

如果不能把它改得更好，不如保留那份原初的衝撞。

感謝台灣，給我機會與可能，讓我用這種方式，表達對這片土地的感激之情。

感謝這個地方，在行走的一年裡，讓我看到那麼豐富的風景。

感謝這方水土，在耕種的一年裡，讓我體會到前所未有的幸福。

擔心我的感謝帶來不必要的麻煩，就不在此一一列舉，感謝所有得遇，感謝你們每一位。

希望我能夠以此，回饋這片土地，回饋我遇到的所有美好。

心靈勵志系列

信心，是一把梯子（平裝）／施以諾／定價 210 元
WIN TEN 穩得勝的 10 種態度／黃友玲著、林東生攝影／定價 230 元
「信心，是一把梯子」有聲書：輯 1 ／施以諾著、裴健智朗讀／定價 199 元
內在三圍（軟精裝）／施以諾／定價 220 元
屬靈雞湯：68 篇豐富靈性的精彩好文／王樵一／定價 220 元
信仰，是最好的金湯匙／施以諾／定價 220 元
詩歌，是一種抗憂鬱劑／施以諾／定價 210 元
一切從信心開始／黎詩彥／定價 240 元
打開天堂學校的密碼／張輝道／定價 230 元
品格，是一把鑰匙／施以諾／定價 250 元
喜樂，是一帖良藥／施以諾／定價 250 元

TOUCH 系列

靈感無限／黃友玲／定價 160 元
寫作驚豔／施以諾／定價 160 元
望梅小史／陳詠／定價 220 元
映像蘭嶼：謝震隆攝影作品集／謝震隆／定價 360 元
打開奇蹟的一扇窗（中英對照繪本）／楊偉珊／定價 350 元
在團契裡／謝宇棻／定價 300 元
將夕陽載在杯中給我／陳詠／定價 220 元
螢火蟲的反抗／余杰／定價 390 元
你為什麼不睡覺：「挪亞方舟」繪本／盧崇真（圖）、鄭欣挺（文）／定價 300 元
刀尖上的中國／余杰／定價 420 元
我也走你的路：台灣民主地圖第二卷／余杰／定價 420 元
起初，是黑夜／梁家瑜／定價 220 元

太陽長腳了嗎？給寶貝的第一本童詩繪本／黃友玲（文）、黃崑育（圖）／定價 320 元
拆下肋骨當火炬：台灣民主地圖第三卷／余杰／定價 450 元
時間小史／陳詠／定價 220 元
正義的追尋：台灣民主地圖第四卷／余杰／定價 420 元
宋朝最美的戀歌—晏小山和他的詞／余杰／定價 280 元

LOGOS 系列

耶穌門徒生平的省思／施達雄／定價 180 元
大信若盲／殷穎／定價 230 元
活出天國八福／施達雄／定價 160 元
邁向成熟／施達雄／定價 220 元
活出信仰／施達雄／定價 200 元
耶穌就是福音／盧雲／定價 280 元
基督教文明論／王志勇／定價 420 元
黑暗之後是光明／王志勇、余杰主編／定價 350 元

主流人物系列

以愛領導的實踐家（絕版）／王樵一／定價 200 元
李提摩太的雄心報紙膽／施以諾／定價 150 元
以愛領導的德蕾莎修女／王樵一／定價 250 元
以愛制暴的人權鬥士：馬丁路德金恩博士／王樵一／定價 250 元
廉能政治的實踐家：陳定南傳／黃增添／定價 320 元

生命記錄系列

新造的人：從流淚谷到喜樂泉／藍復春口述，何曉東整理／定價 200 元
鹿溪的部落格：如鹿切慕溪水／鹿溪／定價 190 元
人是被光照的微塵：基督與生命系列訪談錄／余杰、阿信／定價 300 元
幸福到老／鹿溪／定價 250 元
從今時直到永遠／余杰、阿信／定價 300 元

經典系列

天路歷程（平裝）／約翰・班揚／定價 180 元

生活叢書

陪孩子一起成長（絕版）／翁麗玉／定價 200 元

好好愛她：已婚男士的性親密指南／ Penner 博士夫婦／定價 260 元

教子有方／ Sam and Geri Laing ／定價 300 元

情人知己：合神心意的愛情與婚姻／ Sam and Geri Laing ／定價 260 元

學院叢書

愛、希望、生命／鄒國英策劃／定價 250 元

論太陽花的向陽性／莊信德、謝木水等／定價 300 元

淡水文化地景重構與博物館的誕生／殷寶寧／定價 320 元

中國研究叢書

統一就是奴役／劉曉波／定價 350 元

從六四到零八：劉曉波的人權路／劉曉波／定價 400 元

混世魔王毛澤東／劉曉波／定價 350 元

鐵窗後的自由／劉曉波／定價 350 元

卑賤的中國人／余杰／定價 400 元

納粹中國／余杰／定價 450 元

今生不做中國人／余杰／定價 480 元

公民社會系列

蒂瑪小姐咖啡館／蒂瑪小姐咖啡館小編著／定價 250 元

青年入陣：十二位政治工作者群像錄／楊盛安等著／定價 280 元

主流網站 http://www.lordway.com.tw

NOTES

NOTES

TOUCH 系列 18

走著瞧：一個走在鄉間小路的中國人

作　　者：寇延丁
社長暨總編輯：鄭超睿
編　　輯：李瑞娟、張惠珍
封面設計：楊啟巽
封面題字：寇立成
排　　版：旭豐數位排版有限公司

出版發行：主流出版有限公司 Lordway Publishing Co. Ltd.
出 版 部：台北市南京東路五段 123 巷 4 弄 24 號 2 樓
電　　話：(0981) 302376
傳　　真：(02) 2761-3113
電子信箱：lord.way@msa.hinet.net
郵撥帳號：50027271
網　　址：www.lordway.com.tw

經　　銷：
紅螞蟻圖書有限公司
台北市內湖區舊宗路二段 121 巷 19 號
電話：(02) 2795-3656　傳眞：(02) 2795-4100

華宣出版有限公司
新北市中和區連城路 236 號 3 樓
電話：(02) 8228-1318　傳眞：(02) 2221-9445

2019 年 8 月　初版 1 刷
書號：L1904

ISBN：978-986-96653-6-0（平裝）
Printed in Taiwan

國家圖書館出版品預行編目資料

走著瞧 / 寇延丁著 . -- 初版 . -- 臺北市 : 主流 , 2019.08
面；　公分 . -- (TOUCH 系列 ; 18)

ISBN 978-986-96653-6-0（平裝）

1. 社會運動　2. 民主運動　3. 臺灣

541.45　　108011853